Causas, efectos y dimensiones de las relaciones ciencia-periodismo, política-mercadotecnia y empresa-sociedad

Compilador:

M.D.E. Socorro Márquez Regalado

Autores:

M.C. César René Nevárez Arguijo

M.D.E. Socorro Márquez Regalado

M.C.P. Román René Medrano Carrasco

BSC

BSC

B SIDES COLLECTION

INDICE

	Introducción	I
Capítulo 1	Responsabilidad Social Empresarial, Retos y Oportunidades en México	Pág. 1
Capítulo 2	La Mercadotecnia Política en México en la Transición Democrática	Pág. 12
Capítulo 3	La Investigación Periodística y su alineación con la Investigación Científica	Pág. 28

INTRODUCCIÓN

Con una visión académica, tres profesores de la Universidad Autónoma de Chihuahua explican respectivamente las relaciones entre la ciencia y el periodismo, la política y la mercadotecnia y, la empresa y la sociedad, en tópicos disímbolos, pero enmarcados en un cuerpo común que busca proveer elementos de análisis en torno a fenómenos sociales que se encuentran en el interés nacional.

En una mirada inicial, dichas actividades sociales - comunicadores, políticos y empresarios- son vistos como proveedores de insumos sociales fundamentales para el desarrollo de cualquier país: información, satisfactores y políticas públicas. Las repercusiones de la conducta ética de los tres actores se reflejarán en la evolución o involución de la sociedad, por lo que el interés del estudio presentado queda de manifiesto.

¿Están los periodistas obligados a hacer investigaciones con una metodología científica? ¿tienen los políticos y sus Partidos la obligación de dirigir sus campañas mediáticas con ciertos parámetros de legitimidad ética? ¿existe la obligación de los empresarios de retribuir a la sociedad algo más que sus aportaciones fiscales? Son estos temas de fundamental interés, por lo que, utilizando diversas técnicas de análisis cualitativo, los autores desentrañan el sentido de las normas legales y deontológicas, al tiempo que proceden al análisis de las herramientas para que los tres agentes cumplan con el deber ser y encuentren la eficiencia en sus respectivas actividades.

En este sentido, el Maestro Cesar Nevares Arguijo plantea que, en el ámbito organizacional y de los negocios, la Responsabilidad Social Empresarial (RSE) se refiere a la discusión teórica sobre la nueva teoría de la administración estratégica, incluyendo la gestión de negocios y la mercadotecnia comercial. Al respecto se pregunta si es simplemente un enfoque pasajero siendo una corriente empresarial que dejará pronto de tener significado en poco tiempo. En este sentido se refiere a las organizaciones con fines de lucro quienes requieren repensar su actuar frente a un mundo intensamente competitivo, lo que implica entender que las organizaciones que pretendan consolidarse y asegurar un lugar en el cada vez más limitado espacio que ocupan las empresas exitosas, deberán enfocar sus esfuerzos en aplicar los conceptos que dan significado a la Responsabilidad Social como filosofía empresarial. En ese mismo sentido, se refiere a la responsabilidad social empresarial y a sus principios y conceptos, mismos que son cada vez son más aceptados, entendidos y aplicados en el ámbito de las Empresas mexicanas en todos sus niveles, por lo que desarrolla un sencillo pero profundo análisis de las características, alcances, implicaciones y resultados que están obteniendo los negocios que se adhieren a esta interesante forma de actuación organizacional, y, aunque reconoce que hay mucho por decir en la materia, hay mucho más por hacer para que este concepto permee aún más en las Empresas.

Por su parte el maestro René Medrano Carrasco presenta una comparación entre los elementos, características y herramientas utilizadas para la realización de una investigación científica y una investigación periodística. Aborda los antecedentes del estudio filosófico del conocimiento, así como, las diferentes áreas de estudio de las ciencias. Lo anterior con el propósito de establecer la aplicación de las ciencias sociales en el estudio de situaciones específicas. Adicionalmente, confronta el método científico con el periodismo de investigación, para establecer sus similitudes y sus diferencias, para intentar establecer una alineación, que permita demostrar que la investigación periodística puede ser equiparable con la investigación científica. Finalmente analiza un reportaje de profundidad, escrito por un periodista y presentado en un libro, para localizar e identificar los elementos de una investigación científica.

Por su parte, el maestro Socorro Márquez Regalado hace una relatoría que busca comprender la importancia del marketing político en la vida pública de México, por lo que plantea que se debe partir indiscutiblemente del entorno mismo que propició la aparición y el arraigo de esta disciplina dentro del juego del poder, especialmente en lo referente al cambio que sufrió el sistema político mexicano en las últimas décadas del siglo veinte donde por más de 70 años la vida pública estuvo monopolizada por la Familia Revolucionaria que logró mantener la hegemonía electoral y gubernamental del país a cambio de la subordinación de los derechos políticos de los ciudadanos. Todo ello, en palabras del autor, influiría de manera decisiva en la conformación de un pensamiento anti estatista por parte de la sociedad mexicana, el cual se ahondaría debido a la constante pugna de intereses entre las partes en conflicto, especialmente en periodos electorales. En este sentido, al hacer un recuento de las distintas campañas políticas en la historia de México, urge mejorar la comunicación entre los candidatos y los electores, así como un mayor acercamiento entre los gobiernos y los gobernados, puesto que de ello dependerá el fortalecimiento y la ampliación de los beneficios de la democracia para todos los sectores del país, y en este punto la mercadotecnia política tiene mucho que aportar.

Los tres fenómenos planteados se abordan con el objetivo de brindar conocimientos nuevos para su dialogo y crítica, para la consulta y reflexión.

Capítulo 1

RESPONSABILIDAD SOCIAL EMPRESARIAL, RETOS Y
OPORTUNIDADES EN MÉXICO

Por César René Nevárez Arguijo

INTRODUCCIÓN

El tema de la Responsabilidad Social Empresarial se ha convertido
desde inicios de este siglo, en un debate que invade los foros y los
espacios de reflexión sociolaboral y sociopolítico, además de los
debates sobre gestión empresarial en diversas partes del mundo. La
RSE aparece como una cuestión imprescindible en cualquier
proyección estratégica de las empresas, y arrastra consigo un
importantísimo debate respecto a las actitudes que en relación con los
diversos grupos de interés y del medio ambiente, deben observar las
empresas y que, a su vez, a las administraciones públicas y los
gobiernos corresponde su promoción y fomento.

En nuestro país, desde hace años se aborda la RSE desde dos
enfoques o puntos de vista, por un lado, hay expertos en el tema de los
negocios que opinan de manera conservadora, que los problemas de la
sociedad son un mero paisaje en el ámbito en el que las corporaciones
actúan. Por otro lado, también los hay quienes afirman que si se trata de
construir una sociedad más justa, con mayores oportunidades para las
personas, con mayores libertades y con sustentabilidad ecológica y
ambiental, las empresas no tienen mucho que decir y que hacer.

Sin embargo, y a pesar de tratarse de dos posturas enfrentadas,
ambas tienen un común denominador, ambas comparten una misma
conclusión: el fin último de las empresas es la obtención de máximas

1

utilidades para sus socios, este es el enfoque esencial de cualquier organización con fines lucrativos, esto de acuerdo a las visiones empresariales tradicionales.

La Responsabilidad Social de las Empresas puede analizarse desde distintas ópticas, hay quienes se acercan al tema por simple evolución de lo que fue una actitud más o menos paternalista de algunos empresarios hacia los empleados que conformaban la organización, o bien hacia la comunidad que los rodeaba. Hay quienes lo hacen como una derivada lógica de las viejas prácticas de mecenazgo.

Los hay quienes se han acercado a la Responsabilidad Social como consecuencia de la enorme importancia que adquiere el marketing en la actualidad, las marcas y los logos comerciales se adhieren a la estrategia de comunicación con una importante dimensión de marketing social, y creen que con ello se han incorporado a la responsabilidad social. También hay quienes se adhieren a esta cultura desde una concepción ética de la vida de las personas y de las empresas, porque desean que la organización rinda servicios al conjunto de la comunidad, no sólo beneficios al conjunto de accionistas, sino también a la sociedad a la que sirve, concibiendo con ello a la empresa como un ente económico que debe estar aún más involucrado en un entorno globalizado.

Igualmente hay quienes entienden que la responsabilidad social de las empresas, surge en gran parte como una consecuencia de la revaluación de su poder y por el impacto profundo que tienen las empresas en el entorno medioambiental y en el modelo social resultante de su actividad.

Si volvemos la mirada hacia atrás, la sociedad que hemos conocido a lo largo del siglo XX, es consecuencia de una dialéctica en la que se puede observar un delicado equilibrio: el Estado, los Sindicatos y las Empresas, sin embargo, actualmente somos testigos de que ese equilibrio se ha desestabilizado, los sindicatos han perdido fuerza ante una sociedad globalizada en la que el capital, y las empresas, tienen un margen de maniobra infinito, universal, para deslocalizarse y para responder a movimientos de presión que los gremios sindicales pueden o pretenden ejercer, A su vez, los Estados van declinando su poder, su capacidad legislativa para fijar leyes laborales o fiscales o para establecer políticas macroeconómicas específicas, políticas fiscales, económicas, laborales o financieras.

ANTECEDENTES DE LA RESPONSABILIDAD SOCIAL EMPRESARIAL

Algunos eventos a lo largo del último cuarto del siglo XX han cambiado irreversiblemente la historia de las multinacionales y su relación con la sociedad. En 1989, el accidente de la petrolera Exxon Valdez en Alaska vertió 110 000 metros cúbicos de petróleo que afectaron a 1900 kilómetros de costa, condicionando drásticamente el ecosistema y las vidas de las comunidades indígenas y pesqueras de la región. Fue, después de Bhopal, uno de los accidentes más notorios contra el medioambiente, y creó una consternación mundial sobre el impacto nocivo que pueden tener las empresas en su entorno. La gravedad del accidente quedó marcada por el suicidio del alcalde de una de las ciudades principales de la región, Bob Van Brocklin, pidiendo en su última declaración que se esparcieran sus cenizas en la zona del accidente. En un juicio legal sin precedentes, Exxon fue declarada culpable por haber incumplido varias regulaciones medioambientales y se vio obligada a pagar 4500 millones de dólares para intentar mitigar el daño socioambiental; la mayor penalización económica por infracciones ambientales de la historia.

Unos años después, el 10 de noviembre de 1995, el activista y escritor Ken Saro Wiwa y ocho miembros de la comunidad Ogoni, en Nigeria, fueron ejecutados por el Gobierno militar del general Sani Abacha. Saro Wiwa era presidente del Movimiento para la Supervivencia de los Ogoni (MOSOP), y lideraba un movimiento pacifista que denunciaba los daños ambientales en la región por parte de diversas multinacionales, especialmente Shell. En la declaración que escribió antes de ser ahorcado, Saro Wiwa declaró que él y sus compañeros no eran los únicos que estaban siendo juzgados: Shell está también siendo juzgada y llegará el día en que la guerra ecológica que la empresa ha empezado en el Delta será llamada a justicia, y sus crímenes serán pagados. Las ejecuciones fueron contestadas con movilizaciones masivas en todo el país y con la expulsión de Nigeria de la Commonweath. El Gobierno respondió de forma represiva y brutal. Se estima que se cometieron más de 2000 asesinatos y miles de personas se vieron obligadas a exiliarse. Por si fuera poco, ese mismo año Shell anunciaba la pretensión de hundir su plataforma de petróleo Brent Spar en el mar del Norte, generando la indignación de la sociedad civil y un boicot internacional liderado por grupos como Greenpeace. La involucración de Shell en estos dos eventos y la reacción de la ciudadanía global cambiaron su política corporativa para siempre.

Eran otros tiempos, marcados por el triunfalismo neoliberal de los años ochenta, en los que predominaba un escepticismo acentuado ante cualquier sugerencia de que la emoresa tuviera que responsabilizarse de sus impactos sociales y ambientales. Tanto Exxon como Shell intentaron desvincularse de las responsabilidades de estos eventos practicando una política de negociación. Pero la indignación de la opinión pública a nivel global y el éxito de los boicots que se organizaron condicionando el consumo de las petroleras en todo el mundo les hizo reaccionar. Shell, mucho más que Exxon, cambió su política de empresa y desde entonces ha intentado liderar el movimiento empresarial que pretende reconciliar el desarrollo económico con el respeto al medioambiente y los derechos humanos. En una declaración autocrítica atípica en este tipo de empresa, en su informe anual de 1998, Shell reconocía que nos hemos mirado en el espejo, y no nos hemos reconocido, ni nos ha gustado lo que hemos visto.

Estos eventos sirvieron para poner el acento en la ética y los valores morales de las prácticas empresariales, centrando la atención de la opinión pública mundial en la violación empresarial de los derechos universales. A raíz de ello, nuevos escándalos surgieron, y grandes empresas como Nike, Levis, Disney o Adidas fueron denunciadas por violar los derechos humanos, promover el trabajo infantil y contaminar el medioambiente. La globalización de la información permitió conocer las prácticas de estas empresas y su política de doble rasero en países en vías de desarrollo, y la opinión pública trasladó la indignación al consumo de mercados occidentales. Empezaron los boicots. Y a medid que las ventas bajaban y se reducía la demanda de productos, las empresas afectadas empezaban a relacionar violación de derechos humanos con cuenta de resultados, gestión ambiental con generación de beneficios, reputación de la empresa con consolidación de mercado.

Algo parecía estar cambiando en los consejos de dirección.

Empresarios como Ray Anderson, de Interface, o Ben Cohen y Jerry Greenfield, de Ben y Jerrys ya no eran categorizados como idealistas iluminados por hablar de integrar el impacto socioambiental en la gestión de la empresa. A Anita Roddik, de Body Shop, la inventaban cada vez más a dar conferencias sobre liderazgo empresarial, y el Foro Económico Mundial de Davos invitaba a gente como John Elkington, fundador de SustAinability y autor del libro Caníbales con tenedores, para que hablara de sostenibilidad corporativa y de la triple línea de resultados. Hasta los más escépticos y fundamentalistas del mercado parecían ceder. Se empezaba a hablar del fin del capitalismo agresivo, del nuevo renacer del capitalismo humanista.

Anderson comentaba que después de leer el libro La ecología del comercio de Paul Hawkwn renació de sus penas de pecador corporativo y empezó a dedicar a escalar la montaña de la sostenibilidad con el objetivo de llegar a cero omisiones y no dejar huella ecológica para el año 2020. Se convierte en el gurú de los empresarios de la sostenibilidad, dedicándose más dar conferencias predicando su nuevo capitalismo humanista que a gestionar su propia empresa. Y lo más curioso es que los empresarios empiezan a escuchar. Los consejeros de dirección toman nota y la empresa experimenta unos de los cambios más radicales desde su creación: La búsqueda del santo grial para garantizar la generación de beneficios respetando los derechos humanos y sin contaminar el medioambiente.

Desde entonces, más de la mitad de las empresas pertenecientes al Fortune 250 han publicado un informe social, los directores generales se sientan con ONGs y predican las virtudes del desarrollo sostenible, y las adhesiones a declaraciones con principios y valores éticos, como el Pacto Mundial, sorprenden en España batiendo récords mundiales. La alta dirección de la empresa parece haber entendido el valor mediático que tiene la RSE: es positiva para la reputación y la imagen de la marca; consolida el mercado y evita el tenido boicot de una opinión pública cada vez más formada y critica con la situación en el mundo. Se crean divisiones, se asignan directores y se estructuran equipos de gestión para paliar los efectos negativos e internalizar las externalidades corporativas. Todo indica que llegamos a la nueva era de la RSE, parece que finalmente se ha vencido a la indiferencia y desánimo empresarial.

Sin embargo, a medida que las prácticas y la aceptación de la RSE por parte de la empresa es cada vez mayor, también crecen las críticas y el escepticismo sobre la intención de las mismas. A pesar de todo la RSE no ha conseguido que a la sociedad civil acepte al sector privado; la opinión generalizada es que la empresa incorpora aspectos socioambientales en su gestión por intereses puramente estéticos, muy alejados de una preocupación real sobre el impacto en el medioambiente sobre el impacto y en la sociedad. De hecho, muchos se empiezan a cuestionar si la RSE es tan solo una moda pasajera fruto de la bonanza económica de los últimos años, y que tal y como se implementa actualmente, nunca superaría una fase de recesión económica.

En el nuevo entorno global ante los actuales retos a los que nos enfrentamos de crecimiento demográfico, consumo insostenible de recursos, terrorismo e inestabilidad política, y situación económica en la que vive un porcentaje tan alto de la humanidad, algunas empresas han entendido que tienen una responsabilidad moral a la hora de responder a los problemas globales, pero muy pocas son conscientes de que su supervivencia dependerá de su capacidad de resolverlos.

El papel que está jugando la RSE actualmente, es consolidar una relación entre la empresa y la sociedad, valorar sus limitaciones y carencias e identificar las oportunidades que pueda aportar en el nuevo entorno global. ¿Puede la RSE, por ejemplo, consolidarse en la gestión de la empresa y armonizar los valores éticos y morales con la generación de beneficios? ¿Puede convertirse en una herramienta que democratice la toma de decisiones empresariales para integrar a los agentes implicados? ¿Sería capaz de fomentar las economías locales y beneficiar a las comunidades en las que trabaja, de manera sostenible? ¿Tiene sentido aplicarla en el sector de las Pymes aunque no tengan capital para crear divisiones de marketing dedicadas a comunicar la imagen social?

Es preciso responder a todas estas preguntas replanteándose de nuevo el concepto original de la RSE, analizando en profundidad la necesidad y él porque de integrarla en la gestión, y valorar si la involucración actual es realmente un intento de reconciliar estas necesidades, generando un cambio cultural de la empresa, o simplemente una estrategia para ampliar las cuotas de mercado hacia el consumidor sensibilizado. Solo así podremos saber si la RSE podrá sobrevivir a las recesiones económicas, y sí, a través de sus modelos de gestión y de toma de decisiones, será capaz de convertir a la empresa en el aliado natural que debería de ser de la sociedad. Ante los problemas que afectan al mundo, la respuesta es urgente porque ya no es suficiente saber que la empresa no es parte del problema, es necesario que sea parte de la solución.

DEFINICIÓN E HISTORIA DE LA RESPONSABILIDAD SOCIAL EMPRESARIAL

El boom de la RSE de los últimos años ha parecido consolidar definitivamente las políticas sociales dentro de la gestión de la empresa. Prácticamente, todas las grandes empresas ya tienen su división RSE formada y las pequeñas y medianas han adoptado estándares y publicado informes sociales en función de sus capacidades. Académicos, consultores, ONGs, sindicatos y otros agentes han creado nuevas organizaciones, foros de expertos, clubes y asociaciones especializados en gestión RSE y debatiendo, publicando y analizando esta nueva tendencia de responsabilidad corporativa. Se han formado sistemas de gestión, fondos de inversión, metodologías para formular informes de sostenibilidad, auditorias y estándares sociales para gestionar lo que parece estar dictaminando la moda en las últimas tendencias empresariales del momento.

El concepto de RSE abarca muchos aspectos e implica, directa o indirectamente, todo lo relacionado con la empresa. En sus contenidos no solo confluyen áreas tan variadas como la seguridad laboral, la ética empresarial, los derechos humanos, las inversiones sociales o aspectos medioambientales, sino que afecta también la productividad, la gestión de fondos y el proceso de toma de decisiones. Debido a ello, su gestión requiere una aproximación mucho más flexible y ambiciosa que cuando los sistemas de gestión ambiental, los estándares de calidad o los sistemas de seguridad solidan gestionarse individualmente.

Existen varias interpretaciones sobre lo que implica la RSE pero todavía nadie parece haber logrado una definición universal que satisfaga los intereses de todos los agentes involucrados.

Según Henk van Luijk, las implicaciones que tiene la ética empresarial afectan a la esfera de su reputación y a su capacidad de ser equitativa e inspirar confianza. El autor comentaba en su libro "La

7

tecnología de la auditoria ética, que la ética versa más sobre si los agentes de interés, comprenden y están de acuerdo con lo que hace una empresa, que sobre si lo que hace es algo bueno o no.

La organización AccountAbility, por otro lado definía el comportamiento ético y las relaciones sociales en los términos siguientes:

Comportamiento ético: son las pautas de conducta o valores que expone la empresa y cómo actúa en referencia a éstos. En particular se refiere al grado de adherencia de esos principios, en todos los aspectos de la toma de decisiones, como integrantes de una actividad social corporativa.

Relaciones sociales: referidas a la forma en que la empresa se relaciona con su entorno social y con la sociedad misma. De ahí que su supervivencia y prosperidad se basen en la oferta de un fin socialmente deseable para la sociedad en general.

La Future Foundation definía la responsabilidad social como comprender y tener en cuenta no solo los intereses y puntos de vista de la gente, las empresas y otros grupos de interés con los que se entra en contacto de forma regular, sino también con el entorno más amplio con el que se opera.

Quizá el mayor consenso en torno a la definición y el ámbito de aplicación de la RSE, es a través del Libro Verde de la Comisión Europea. Sus contenidos enfatizan que las empresas Europeas fomentan cada vez más sus estrategias de responsabilidad social en respuesta a diversas presiones sociales, medioambientales y económicas, con el fin de transmitir una señal a los interlocutores con los que se interactúan: trabajadores, accionistas, inversionistas, consumidores, autoridades públicas, proveedores y organizaciones no gubernamentales. Según el planteamiento del Libro Verde, el enfoque de la RSE es una inversión de las empresas en el futuro y esperan que el compromiso que han adoptado voluntariamente contribuya a incrementar su rentabilidad.

En marzo de 2000, el Consejo Europeo de Lisboa apelo en particular al sentido de responsabilidad social de las empresas en lo relativo a las prácticas correctas en matrería de aprendizaje permanente, organización del trabajo, igualdad de oportunidades, inclusión social y desarrollo sostenible.

El Libro Verde define la responsabilidad social de las empresas como: un concepto con arreglo al cual las empresas deciden voluntariamente contribuir al logro de una sociedad mejor y un medio ambiente más limpio y afirma que las prácticas de responsabilidad social implican asumir voluntariamente , compromisos que van más allá de las obligaciones reglamentaria y convencionales, que deberán cumplir en cualquier caso; las empresas que intentan elevar los niveles de desarrollo social, de protección ambiental y respeto a los derechos humanos y cuentan con un modo de gobernabilidad abierto que reconcilie intereses de diversos agentes en un enfoque global de calidad y viabilidad.

Por otro lado, el foro de expertos en RSE estableció en su informe de definición y ámbito que la RSE tiene como objetivo la sostenibilidad, basándose en un proceso estratégico e integrador en el que se vean identificados los diferentes agentes de la sociedad afectados por las actividades de la empresa. Para su desarrollo, deben establecerse los cauces necesarios para llegar a identificar fielmente a los diferentes grupos de interés y sus necesidades, desde una perspectiva global y se deben introducir criterios de responsabilidad en la gestión que afecten a toda la organización y a toda su cadena de valor.

Resumiendo el compendio de definiciones, e intentando llegar a un denominador común, podríamos remarcar que todas ellas implican integrar a un grupo más amplio de agentes de interés en la toma de decisiones de las empresas. Éste es un proceso crucial a la hora de definir el camino hacia la responsabilidad social de la empresa y es donde, al parecer, confluyen todas las definiciones e iniciativas relacionadas con la RSE: aumentar el abanico de agentes involucrados tanto externos como internos.

El King Report On Corporate define a los agentes de interés como cualquier persona, entidad o grupo que tenga algún tipo de asociación con la empresa y define tres categorías:

*Accionistas: son aquellas personas físicas o morales que tienen una participación económica a la empresa y son titulares de parte de su patrimonio.

*Aquellos que tienen una relación contractual con la empresa, por ejemplo, clientes, empleados, proveedores, subcontratados.

*Aquellos que tienen vínculos extracontractuales con la empresa, por ejemplo, vecinos, autoridades locales, el gobierno o los cuerpos representativos.

Entender los intereses que forman estos tres grupos, y crear vínculos entre ellos y la empresa para integrar su participación en la toma de decisiones, debería ser una práctica común para aquellas empresas que se aventuran en el camino hacia la responsabilidad social empresarial. Pero ante la variedad de definiciones, y ante el amplio margen existente de interpretaciones, ¿Cuál debería ser el camino a seguir a la hora de implementar una política de RSE?.

El proceso suele empezar por la definición de valores de la empresa y acabar en la definición de estándares pasando previamente por la definición de principios códigos de conducta y normas.

Cada grupo podría definirse de la forma siguiente:

Valor: cualquier objeto o cualidad deseable como medio o como fin de si mismo, es la fuerza actividad, eficacia o virtud de las cosas para producir sus efectos. Por ejemplo, la diversidad y la honestidad.

Principio: verdad fundamental o leyes éticas como base de razonamiento o acción. A diferencia de las reglas, los principios no forman parte del sistema jurídico, sino por razón de su contenido, lo que implica una diferenciación entre el derecho y la moral, es la norma o la idea fundamental que rige el pensamiento de la conducta.

Código de Conducta: declaración formal de valores y principios, enuncian normas mínimas y el compromiso de la empresa de cumplirlas y de exigir su cumplimiento a sus contratistas, subcontratistas, proveedores y concesionarios. Puede ser un documento complejo que requiera el cumplimiento de normas precisas y prevea un mecanismo coercitivo complicado o un simple listado de principios básicos.

A pesar de que la mayoría de las definiciones de RSE entienden este concepto, como una integración voluntaria de las preocupaciones sociales y medioambientales en sus operaciones comerciales y sus relaciones con sus interlocutores, se debería enfatizar que ser socialmente responsable no significa solo cumplir plenamente las obligaciones jurídicas, sino también ir más allá de su cumplimiento invirtiendo más en el capital humano el entorno y las relaciones con los interlocutores.

Además del cumplimiento estricto de las obligaciones legales vigentes, la RSE debería considerar la integración voluntaria en su gobierno y gestión, en su estrategia, políticas y procedimientos, de las preocupaciones sociales, laborales, medioambientales y de respeto a los derechos humanos.

Por lo tanto, a pesar de la indefinición de conceptos, está comúnmente aceptado que la RSE se caracteriza a través de los valores y principios que una empresa asume y por la manera en que es capaz de trasmitirlos a través de sus sistemas de producción y comunicación, considerando los aspectos socioambientales de sus impactos e integrando a agentes de interés en su proceso de toma de decisiones.

Capítulo 2.- LA MERCADOTECNIA POLÍTICA EN MÉXICO EN
LA TRANSICIÓN DEMOCRATICA

Por Socorro Márquez Regalado

Para comprender la importancia del marketing político en la vida pública de México, se debe partir indiscutiblemente del entorno mismo que propició la aparición y el arraigo de esta disciplina dentro del juego del poder, especialmente en lo referente al cambio que sufrió el sistema político mexicano [1]en las últimas décadas del siglo veinte.

EL MÉXICO AUTORITARIO DEL SIGLO XX

La historia política de nuestro país ha tenido múltiples altibajos, sobre todo en el siglo veinte donde por más de 70 años la vida pública estuvo monopolizada por la Familia Revolucionaria[2] que logró

---

[1] Entendiendo por sistema político al conjunto de instituciones gubernamentales y no gubernamentales que

cumplen funciones de dominación y dirección política, así como al personal que las sostiene y las utiliza

(Camacho,1977:613).

[2] Brandenburg (citado por Basáñez,1991:39-40) definió a la "Familia Revolucionaria", como una élite política

mantener la hegemonía electoral y gubernamental del país a cambio de la subordinación de los derechos políticos de los ciudadanos.

La permanencia de este grupo en el poder no fue obra de la casualidad ni por cuestión de suerte sino que, por el contrario, ésta fue resultante del desarrollo de una eficiente estrategia de control político – aunque cuestionable en términos de legitimidad-, la cual estuvo sustentada en la creación de una compleja estructura de dominación ideológica, económica y social.

El grupo gobernante se apoyó en un aparato político formal encabezado por la Presidencia de la República y todas las Secretarías de Estado que de ella dependían; instituciones que conjuntamente subordinaron a la voluntad del Ejecutivo a toda la burocracia nacional.

Aunado a lo anterior, "el Presidente mantenía un férreo control sobre las organizaciones de control popular, campesinas y de clase media, así como de las organizaciones ideológicas, los medios de comunicación, las instituciones no gubernamentales y los grupos de interés" (Camacho,1977:618-651).

Es decir, el Ejecutivo era quien controlaba la vida pública del país a través del dominio de las instituciones políticas y de las organizaciones sociales, subordinando el interés general a sus intereses de grupo y, en no contadas ocasiones, anteponiendo los valores partidistas a los principios republicanos que habían originado el movimiento revolucionario de 1910,[3] a través del empleo

---

que conducía los hilos de la nación, bajo argumentos revolucionarios

[3] En gran parte de los gobiernos postrevolucionarios imperó la desigualdad y el desequilibrio de poderes,

M.C. Cesar René Nevárez Arguijo, M.D.E. Socorro Márquez Regalado, M.C.P. Román René Medrano Carrasco

indiscriminado de las facultades constitucionales y, en especial, de las metaconstitucionales[4] que poseía como titular del Ejecutivo federal.

El segundo pilar de dominación del sistema político mexicano fue el Partido Oficial,[5] a través del cual se logró monopolizar la participación política de la ciudadanía y, al mismo tiempo, se buscó dotar de un alo de legitimidad a los procesos electorales.

Tan efectivo sería este esquema de dominación que el sistema político mexicano se distinguiría de muchos otros a nivel mundial, por su capacidad para mantener el poder de manera legal y estable –aunque no legítima-, sin tener la necesidad de caer en los extremismos de los gobiernos totalitarios de Europa o las dictaduras militares de América del Sur.

No obstante, y a pesar de que la estructura política permitió

---

puesto que el Presidente de la República concentraba un poder tal que podía designar a su libre albedrío a los

integrantes del poder Legislativo, así como al titular del poder Judicial.
[4] Este término se refiere a aquellas facultades que el Primer Mandatario podía ejercer, no obstante de que

éstas no se encontraban enmarcadas dentro del texto constitucional, como el establecimiento de una partida

secreta para los gastos de la Presidencia de la República
[5] Instituto político fundado en 1929 bajo el nombre de Partido Nacional Revolucionario, el cual en 1938 se

transformó en Partido de la Revolución Mexicana y en 1946 en Partido Revolucionario Institucional.

una transmisión pacífica del poder, ésta también limitó la participación ciudadana y, a su vez, fortaleció un excesivo proceso de centralización política y administrativa en torno del Presidente de la República y del Partido Oficial, propiciando la aparición de una sociedad indefensa, desconfiada y pasiva ante los fenómenos políticos.

Esta situación desembocaría en una severa crisis de legitimidad y desconfianza por parte de la ciudadanía hacia el aparato público y el PRI, sobre todo por la evidente manipulación existente en materia político-electoral, así como por la ausencia de partidos y organizaciones que pudiesen presentar una opción alterna a la del grupo gobernante (Becerra, Salazar y Woldenberg,2000:20).

Todo ello influiría de manera decisiva en la conformación de un pensamiento antiestatista por parte de la sociedad mexicana, el cual se ahondaría debido a la constante pugna de intereses entre las partes en conflicto, especialmente en periodos electorales.

LA PANACEA DEMOCRÁTICA

El retroceso del "Partido Oficial"[6] comenzó a manifestarse en la elección presidencial de 1970, cuando por primera vez en su historia el Partido Revolucionario Institucional (PRI) obtuvo menos del 84% de los votos emitidos, a pesar de no haber tenido una competencia política real.

---

[6] Denominación que se le dio al PRI debido a que dominó por más de 70 años la vida política nacional y

funcionó como un partido de Estado al servicio del gobierno y viceversa.

M.C. Cesar René Nevárez Arguijo, M.D.E. Socorro Márquez Regalado, M.C.P. Román René Medrano Carrasco

Ante el peligro de ser deslegitimado el poder político del partido hegemónico, la élite gobernante planteó hacer una serie de reformas encaminadas a impulsar la competencia electoral y permitir el acceso de los partidos de oposición en los órganos de representación del Estado. Es decir, se buscó conferir de un aura de legitimidad a la vida política del país, puesto que al interior de la sociedad mexicana - especialmente entre la clase media- comenzó a gestarse una especie de repudio hacia el autoritarismo estatal.

Así entonces, comenzaron a realizarse una serie de reformas a la legislación electoral[7], encaminadas a la organización de comicios más democráticos, competitivos, legales y legítimos, que en consecuencia garantizaran la subsistencia del sistema. Aunque en un principio las reformas le dieron un respiro al grupo en el poder, éstas a su vez, permitieron el avance de las fuerzas opositoras, así como arraigaron al interior de la sociedad la expectativa de pugnar por la democratización del régimen.

En ese sentido, la democracia había sido interpretada por la opinión pública como un medio de defensa ante los embates del autoritarismo y como un mecanismo para hacer valer el Estado de Derecho que tanto había sido vulnerado en los años precedentes, por los excesos del poder acometidos por el Estado, a quien Octavio Paz definiría como el "ogro filantrópico" por su forma de actuar.

---

[7] Ejemplo de ello son las reformas efectuadas en 1972 con la parición de los "diputados de partido"; en 1977

con la introducción del principio de "representación proporcional"; en 1990 con la creación del "Instituto

Federal Electoral"; y en 1994 con la "ciudadanización del IFE" (Hernández,2004:280-284).

La democracia representaba la mejor forma de gobierno que se adaptaba a las necesidades de una sociedad más exigente y participativa, sobre todo porque sería "capaz de garantizar la inclusión de un mayor número de sectores y grupos sociales en el proceso de toma de decisiones públicas" (López,2004), que hasta entonces habían sido excluidos y marginados del ejercicio del poder.

Además, tenía el potencial de adaptar al sistema político mexicano a las cambiantes exigencias del entorno y a las nuevas demandas de la comunidad internacional, sobre todo por la ola democratizadora presentada en la década de los noventa; así como podría garantizar el ejercicio equilibrado del poder y el respeto de las libertades ciudadanas en México.

Sin embargo, para que una democracia se consolide y sus beneficios se reflejen deforma real entre todos los estratos de la población, hacen falta tiempo y compromiso por parte de todos los actores involucrados, cosa que no se ha cumplido al cien por ciento en nuestro país.

LA TRANSICIÓN INCONCLUSA

La transición democrática entendida como "un esfuerzo político por instalar instituciones democráticas y hacerlas funcionar en contextos que las desconocían o que las habían abandonado" (Becerra, Salazar y Woldenberg,2000:26), es aún una tarea inacabada en nuestra realidad institucional.

Especialmente porque la democracia es una forma de gobierno extremadamente difícil de crear y mantener, donde "la eficacia de las

17

M.C. Cesar René Nevárez Arguijo, M.D.E. Socorro Márquez Regalado,
M.C.P. Román René Medrano Carrasco

democracias depende de la posibilidad de formar mayorías y de crear mecanismos que incentiven la cooperación entre las fuerzas políticas y entre los poderes del Estado" (Casar,2003:6).

Es precisamente este rubro el que ha quedado pendiente en la vida política nacional, pues no se ha logrado fomentar el diálogo, los acuerdos y consensos entre los distintos actores involucrados, sino que por el contrario, pareciera ser que se estimulan los disensos, los desacuerdos y los distanciamientos políticos.

Lo anterior ha sido resultado de la competencia política que se práctica en México, donde los actores involucrados buscan maximizar sus beneficios y disminuir los costos políticos de sus decisiones, sin importar que de ellas dependa en futuro del país. Bajo esta racionalidad costo-beneficio se ha privilegiado lo urgente por encima de lo prioritario, prueba de ello son las connotadas reformas estructurales[8] que tanto necesita la economía nacional para salir del bache en que se encuentra, pero que no se han llevado a cabo.

Otra limitante de la democracia mexicana se encuentra en que ésta tiene un carácter preponderantemente electoral, ya que se ha orientado casi exclusivamente al mejoramiento de los procesos electorales y a la promoción de la competencia electoral.

---

[8] Como la laboral, la energética, la hacendaria, etc., que por años se han retrasado debido a la falta de

consensos entre las distintas fuerzas políticas y a su negativa de asumir los costos políticos que en corto plazo

pudieran presentarse.

Mauricio Merino señala que "*la de México ha sido una transición concentrada, casi exclusivamente, en los asuntos electorales. No ha producido un pacto fundacional, ni otro destinado a afianzar la gobernabilidad democrática, ni se ha ocupado de la reforma de las instituciones políticas para acoplarlas a los nuevos signos de la pluralidad partidaria*" (2003:8).

Por lo tanto, el proceso de transición democrática pareciera haberse estancado en el aspecto electoral, lo cual ha provocado algunas opiniones encontradas en torno a los beneficios de la democracia para el país, puesto que no se ha reflejado en el mejoramiento de las condiciones de vida de los sectores más vulnerables.

Prueba de ello es la pobreza, la cual se ha consolidado como el problema más grande que enfrenta el país hoy en día, de hecho, más de la mitad de la población del país sigue inmersa en este fenómeno económico y social,[9] el cual parece muy difícil de revertir en el corto

---

[9] Para el año 2000, se tenía registrado que el 53.715 por ciento de los mexicanos presentaba alguna situación

de pobreza (Székely,2003:7-8). Al respecto, cabe destacar que el Gobierno Federal aseguró –apoyado en un

informe del Banco Mundial- que la pobreza había disminuido en el primer trienio, sin embargo, el informe

citado señala que efectivamente ha existido un reducido descenso en el número de pobres, pero esto ha sido

gracias a las remesas enviadas desde el extranjero y a los subsidios gubernamentales, y no porque en el país se

estén generando oportunidades de desarrollo.

plazo. Aunado, a severos problemas de inseguridad pública, corrupción y mala gobernanza, entre otros, que han repercutido negativamente en la percepción de la ciudadanía con respecto a la eficacia de nuestro régimen democrático.

Es preocupante que, según datos de la Segunda Encuesta Nacional sobre Cultura Política y Prácticas Ciudadanas, el 46.3% de los mexicanos manifiesten que se encuentran poco satisfechos con la democracia que tenemos (ENCUP,2003:22). Es decir, 1 de cada 2 mexicanos se encuentran desilusionados con el nuevo régimen.

Por ello, urge mejorar la comunicación entre los candidatos y los electores, así como un mayor acercamiento entre los gobiernos y los gobernados, puesto que de ello dependerá el fortalecimiento y la ampliación de los beneficios de la democracia para todos los sectores del país, y en este punto la mercadotecnia política tiene mucho que aportar.

LA MERCADOTECNIA POLÍTICA EN LA TRANSICIÓN DEMOCRÁTICA

Bruce Newman afirma que "*nuestra incipiente democracia y los procesos electorales altamente competitivos que de ella derivan, ha traído consigo la importación de modelos de marketing político propios de la cultura norteamericana*" (2005:contraportada).

Así se ha reflejado en nuestro país desde 1989, año en que se encuentra uno de los primeros antecedentes de la utilización de técnicas de mercadotecnia política en México a través de la contratación de encuestadores profesionales, con la finalidad de que el PRI conociera las causas de su primera derrota a nivel estatal, hecho sucedido en el estado de Baja California.

Anteriormente, según María de las Heras (2006:17), los avances de las campañas electorales se median exclusivamente en función del número de comidas, verbenas, mítines y concentraciones en que participaban los candidatos, puesto que no se contaba con herramientas alternativas que permitieran establecer un diagnóstico confiable en torno a los procesos electorales, a las demandas de los electores y al posicionamiento de los candidatos en un entorno cada vez más competitivo.

Al mismo tiempo, los partidos de oposición comenzaron a utilizar la publicidad a gran escala para dar a conocer sus propuestas a la comunidad, así como los gobiernos en turno destinaron más recursos en este rubro para difundir sus obras de gobierno, como lo haría el expresidente Carlos Salinas de Gortari con el programa Solidaridad

Derivado de esta coyuntura, emergió un grupo de agencias de publicidad que *"sostenían que el triunfo electoral depende exclusivamente de la publicidad en medios de comunicación masiva...sostenían que para ganar una elección sólo se necesitaban candidatos que salgan bien en la televisión, spots publicitarios bonitos, un buen slogan, un jingle pegajosos y muchísimo dinero para invertirlo en campañas publicitarias"* (De las Heras,2006:19). Teoría que, a su vez, fue asimilada por los partidos políticos, quienes destinaron cada vez mayores recursos a los medios, como se puede constatar en la siguiente tabla.

M.C. Cesar René Nevárez Arguijo, M.D.E. Socorro Márquez Regalado, M.C.P. Román René Medrano Carrasco

Tabla 3. Distribución porcentual del gasto electoral total en sus tres grandes rubros

Proceso Electoral	Gastos de campaña	Gastos operativos de campaña	Gastos de prensa, radio y televisión	Total
1994	35.30%	39.50%	25.30%	100%
1997	22.20%	22.80%	55.00%	100%

Fuente: Adaptado de Poiré Alejandro, (2005), "Las chequeras bajo la lupa" en Cantú, María Elena: Medios & poder. El papel de la radio y las televisión en la democracia mexicana, Tlalnepantla México: Grupo Editorial Norma. PP. 9.

En el comicio presidencial de 1994, ganado por Ernesto Zedillo, destaca que por cada peso gastado, 25 centavos se destinaron a los medios de comunicación masiva, mientras que la mayor cantidad de recursos se destinaron para los gastos operativos de la campaña. Tres años más tarde se revirtió esta situación, puesto que el gasto en medios es el rubro que acapara más de la mitad de los recursos asignados, lo que representa un aumento del 100% en la asignación de este tipo de recursos con respecto a las elecciones de 1994.

Prácticamente esta fue la tónica en este proceso de transición democrática, donde la aparición de las técnicas de mercadotecnia política comenzaron a cobrar una mayor relevancia en la medida que quienes hacían uso de ellas obtenían mejores resultados electorales y políticos.

FACTORES QUE PROPICIARON LA APARICIÓN DE LA MERCADOTENCIA POLÍTICA EN MÉXICO

Cuatro son los principales factores que se pueden identificar como los precursores de la aparición de la mercadotecnia política en nuestro país, a saber:

22

✎ En primer lugar, se encuentra la desconfianza ciudadana hacia el Partido Revolucionario Institucional, sustentado en el descontento de la ciudadanía con las prácticas antidemocráticas de esta institución política[10]. Aunado a ello, se suma lo acontecido en algunos procesos electorales donde se postularon candidatos sin arraigo, ni experiencia, e incluso algunos con trayectorias dudosas a los cargos de elección popular. Por lo mismo, el PRI comenzó a contratar a encuestólogos y publicistas que le ayudaran a conocer las nuevas demandas del mercado electoral y a cambiar la imagen institucional del partido y de sus candidatos ante la sociedad.

✎ En segundo lugar se encuentra el avance de los partidos de oposición en los espacios de poder político, [11]que vieron en la mercadotecnia política una alternativa que les podría auxiliar en el posicionamiento de sus ofertas políticas en una sociedad desconfiada del partido hegemónico.

✎ En tercer lugar se encuentra el precario nivel de cultura política de los mexicanos, derivado de la inequidad educativa existente, así como por el descrédito ciudadano que durante décadas se cimentó al interior de la sociedad civil.

✎ En cuarto lugar destaca el fortalecimiento de los medios masivos de comunicación en la medida en que el control estatal decrecía, los cuales comenzaron a vislumbrar a las campañas políticas como un espacio muy lucrativo en términos económicos.

---

[10] Como lo fueron el "acarreo", el "dedazo", la "compra de votos", entre otros, que sólo contribuyeron a

menguar la confianza de los electores en torno a las instituciones políticas.
[11] Aunado al desplazamiento del PRI en algunas zonas del país, como el norte y el bajío.

M.C. Cesar René Nevárez Arguijo, M.D.E. Socorro Márquez Regalado,
M.C.P. Román René Medrano Carrasco

Por otra parte, la presencia del marketing político en nuestro país se puede identificar <u>tres grandes apartados de injerencia</u>:

- ✎ <u>Investigación de mercado</u>: a través de ella se busca conocer cuáles son las expectativas de los electores o ciudadanos, el nivel de aceptación de un partido o gobierno, la imagen del candidato o gobernante, las preferencias electorales, conocer el impacto de los medios de comunicación, e incluso sirve para evaluar el desarrollo de las campañas.

Se utilizan técnicas como encuestas, entrevistas y grupos de enfoque que permitan la obtención de información cualitativa y cuantitativa relevante. Cabe destacar que ésta fue la primera vertiente de la mercadotecnia política que se asentó en nuestro país, y hoy en día existen empresas altamente reconocidas como Consulta Mitofsky, Demotecnia, Parametría e IPSO-BIMSA que ofrecen sus servicios a partidos políticos, gobiernos y medios de comunicación.

- ✎ <u>Diseño de la estrategia</u>. "La estrategia es el factor individual más importante en una campaña electoral" y para la difusión de un gobierno, asevera Joseph Napolitan (citado por Escalante,2004). Una buena estrategia de mercadotecnia política permite definir cómo se va a ganar una elección o difundir la gestión de un gobierno, al ponderar las ventajas del candidato o gobernante entre el mercado potencial que le permita obtener el triunfo electoral o mantener su legitimidad ante la población respectivamente. En los últimos años han aparecido algunas consultorías especializadas, la mayoría extranjeras, que ofrecen los servicios de estrategas políticos profesionales en áreas de análisis e investigación electoral y gubernamental, planeación estratégica, discursos, comunicación e imagen y gerencia de campañas políticas, como son:

- o Consultores y Marketing Político de Gisela Rubach Lueters
- o LCB Marketing Político del Dr. Luis Costa Bonino
- o Mas Consulting Group de César Martínez
- o Maza Communications de Javier Maza
- o Centro Interamericano de Gerencia Política de Mario Elgarresta sin olvidar al estadounidense Dick Morris, entre otros.

Cuentan con gran influencia en la organización de las campañas electorales, puesto que han ayudado a muchos candidatos a ocupar cargos de elección popular de gran relevancia, como la propia Presidencia de la República, Gubernaturas, Alcaldías, Senadurías y Diputaciones.

🌦 Estrategia de Comunicación. "La democracia moderna se ha mediatizado: es muy difícil para los candidatos –y gobernantes– penetrar en la ciudadanía si no lo hacen a través de los medios" (Reyes,2004:14).

Las estrategias típicas incluyen la identificación e impacto de los mejores medios que permitan la puesta en práctica de la estrategia de mercadotecnia de manera eficiente.

Es decir, posicionar positivamente en el auditorio el nombre del candidato o gobernante, erradicar sus aspectos negativos y tocar temas importantes del votante o ciudadano.

Para ello se pueden utilizar cuatro tipos de publicidad:

M.C. Cesar René Nevárez Arguijo, M.D.E. Socorro Márquez Regalado,
M.C.P. Román René Medrano Carrasco

1) Contacto Directo
2) Publicidad focalizada en Televisión y Radio
3) Programas enfocados en telemarketing -bancos telefónicos- y marketing directo –correo, emails, websites-

4) Publicidad en exteriores e impresos (Reyes,2004:13). Dos de las empresas especializadas en este rubro son Alazraki Comunicaciones de Carlos Alazraki y Mega Direct de Eduardo Achach.

Bibliografía

BASÁÑEZ Miguel, (1991), *La lucha por la hegemonía en México 1968-1990*,D.F., México: Siglo XXI Editores.

BECERRA, Ricardo; Salazar, Pedro y José, Woldenberg, (2000), *La mecánica del cambio político en México. Elecciones, partidos y reformas,* México, D.F.: Ediciones Cal y Arena.

CAMACHO, Manuel, (1977), *Los nudos históricos del sistema político mexicano*: Foro Internacional 68.

CASAR, María Amparo, (2003), "Vivir sin reforma", en *Voz y Voto*, N° 129, 1 de noviembre, México, D.F.

ENCUP, (2003), "*Segunda Encuesta Nacional sobre Cultura Política y Prácticas Ciudadanas*", SEGOB, IFE, México, D.F.

DE LAS HERAS, María, (2006), *Por quién vamos a votar y por qué, guía práctica para comprender las elecciones*, México, D.F.: Nuevo Siglo Aguilar.

ESCALANTE, Carlos Alberto, (2004), "*Principios de Mercadotecnia*

Política", material de la ponencia presentada en el Seminario de Estrategia, Mercadotecnia y Operación Política, organizada por el Centro Interamericano de Gerencia Política y el Instituto de Capacitación y Desarrollo Político, filial Estado de México, 15 de diciembre de 2004, Toluca, México.

HERNÁNDEZ, Rogelio, (2004), "Instituciones y gobernabilidad democrática: la experiencia mexicana", en Hofmeister, Wilheim: *Reformas políticas en América Latina,* Río de Janeiro, Brasil: Fundación Konrad Adenauer.

MERINO, Mauricio, (2003), *La transición votada. Crítica a la interpretación del cambio político en México*, México, D.F.: FCE.

NEWMAN, Bruce, (2005), "Contraportada", en Homs, Ricardo, *Marketing para el liderazgo político y social*, México, D.F.: Grijalbo.

REYES Arce, Rafael, (2004), *"Comunicación de Gestión de Gobierno. Un enfoque de Marketing Político"*, material de la ponencia presentada en el Seminario Comunicando la Gestión del Gobierno, organizada por el Gobierno del Estado de México, Maza Comunications Inc., y MAS Consulting Group, 17 de junio de 2004, Toluca, México.

SZÉKELY, Miguel, (2003), *Es posible un México con menor pobreza y desigualdad*. Serie Documentos de Investigación, México, D.F.:   SEDESOL.

Capítulo 3

LA INVESTIGACIÓN PERIODÍSTICA Y SU ALINEACIÓN CON LA INVESTIGACIÓN CIENTÍFICA

Por Román René Medrano Carrasco

Entendida la investigación periodística o el periodismo de investigación como la actividad que por su naturaleza busca aquello que se resiste a ser revelado, descubre o crea el acontecimiento, (Luis María Ansón, director del diario ABC citado por Darío Klein, Sala de Presa) y por investigación científica, como un tipo de investigación "sistemática, controlada, empírica y critica, de preposiciones hipotéticas sobre las presumidas relaciones entre fenómenos naturales (Kerlinger, 1975, p.11), citado por Hernández Sampieri (1997).

En una primera etapa se realiza una revisión de los antecedentes del conocimiento y la ciencia, al hacer un repaso del conocimiento científico y de las diferentes ciencias existentes, y se pone especial atención en las ciencias sociales, al ser estas las que tienen más vinculación con el periodismo.

Para lograr explicar esta alineación se revisó la conceptualización del método cualitativo, el cuantitativo y el mixto, además de poner especial énfasis en el estudio de caso, sistema que da pie a la incorporación del periodismo de investigación, pues la mayoría de los casos de investigación periodística se enmarcan en este supuesto.

Se dedica también un apartado específico para describir lo que es la investigación periodística y el cómo se enmarca en el periodismo de denuncia o el periodismo de precisión.

Ya entrados en materia se ocupa un espacio significativo para establecer que existen elementos que permitan equiparar, en cierta medida, ambas investigaciones (científica y periodística). Incluso Hernández Samperi (1997) abre una ventana para esta posibilidad, al comentar que todos en algún momento hacemos investigación y, sostiene, que la investigación científica es como cualquier tipo de investigación, solo que más rigurosa y cuidadosamente realizada.

Mientras que la investigación científica considera cinco etapas para su realización, que son, a saber: concebir la idea a investigar; plantear el problema de investigación; elaborar el marco teórico; definir el tipo de investigación a utilizar y su nivel; y, establecer las hipótesis. La investigación periodística, que plasma sus resultados en el género periodístico denominado reportaje, se realiza en cuatro etapas, y estas son: selección del tema y preparación; realización de la investigación; análisis de datos; y, redacción.

En un espacio de este trabajo se cotejarán las etapas de cada investigación y se podrá advertir que existe alineación en sus pasos o procesos, por ejemplo, la concepción de la idea a investigar y plantear el problema de investigación, que son la primera y segunda etapas de la investigación científica, tienen amplias similitudes con la etapa de selección del tema y preparación de la investigación periodística.

Como cierre se presenta el análisis del libro "Hoy te toca la muerte: el imperio de los Maras visto desde dentro", del periodista Marco Lara klahr, editorial planeta que presenta una investigación periodística del fenómeno social de las pandillas.

Como conclusión se plantea que existen equivalencias, similitudes y puede ser equiparable la investigación científica con la investigación periodística, pues en este caso (del libro analizado) fue posible ubicar: una hipótesis, un método de investigación, un marco conceptual y una demostración.

Aunque es pertinente hacer una precisión, pues mientras en la investigación científica los elementos señalados en el párrafo anterior aparecen claramente identificados, enunciados y señalados expresamente, en la obra analizada se encuentran de manera tácita, implícita, sobrentendida.

M.C. Cesar René Nevárez Arguijo, M.D.E. Socorro Márquez Regalado, M.C.P. Román René Medrano Carrasco

Conocimiento Científico y Ciencia

De acuerdo a coincidencias expresadas por diversos estudiosos se puede establecer que el conocimiento es un conjunto de información que tiene el hombre, tanto sobre el entorno en el que se envuelve, al igual que de sí mismo, para adquirirlo utiliza los sentidos al igual que la reflexión, una vez obtenido lo usa como herramienta para percibir las particularidades de los objetos que se localicen en su ambiente, para lo cual emplea la observación.

Arias (2006) lo define como "el proceso en el cual se relacionan el sujeto que conoce, que percibe mediante sus sentidos, y el objeto conocido o percibido", bajo este contexto el conocimiento puede ser entendido como un proceso cimentado en la relación sujeto y objeto, esto es, la dependencia entre la persona que busca, obtiene o posee el conociendo y el hecho, fenómeno, tema o materia que la persona estudia, en este sentido.

De esta manera el conocimiento es entendido como el saber y basado en la observación de la situación centro de estudio, instruyendo al sujeto o persona para comunicar a su medio y confrontarlo con otros saberes.

Se ha establecido una tipología sobre la forma en que se adquiere el conocimiento, entre los que encuentran el cotidiano, el religioso, el filosófico y el científico.

El cotidiano se adquiere por medio de la experiencia y el contacto con la vida, se dice, por tanto, que es razonable, meritorio y estimable. Por su parte el conocimiento religioso, también conocido como revelado, este procede de las tradiciones y de las "manifestaciones divinas" es rígido y no admite dudas y ni se somete a pruebas, la fe es su base.

Por otra parte, por medio de la reflexión metódica y sistémica, se puede llegar al conocimiento filosófico el cual está representado por la búsqueda de lo cierto de las grandes verdades de la vida y del universo.

M.C. Cesar René Nevárez Arguijo, M.D.E. Socorro Márquez Regalado, M.C.P. Román René Medrano Carrasco

En cuanto al conocimiento científico se refiere, a este se le considera como una verdadera explicación de la realidad, toda vez que es accesible a la observación continua y a la revisión adecuada. En concreto, este tipo de conocimiento se concibe de igual forma para los fenómenos sociales y los fenómenos naturales, esto es, que los datos obtenidos por la observación o la experimentación son utilizados para examinar la hipótesis.

Para formular esta tipología se tomó en consideración los mismos factores – básicamente- el criterio práctico y científico. En el primero, el individuo lo entiende sin necesidad de tomar como base un método específico, se obtiene en función a su educación, cultural, creencia, pensamiento, emociones, e incluso las diversas formas de acercarse a los objetos de su interés.

Por la forma en que se adquiere, el conocimiento científico, está considerado como el más importante de todos, pues dispone de un sistema por medio del cual se despliegan las proposiciones o teorías que se explican. Es considerado el más indicado para encontrar respuesta a las incógnitas permanentes que se plantean los seres humanos.

Implica una ardua tarea llegar a la evidencia, toda vez que se requiere franquear la fase de falla y error para poder llegar a la verdad de los hechos a lo que se denomina falibilidad (posibilidad de incurrir en fallas, errores o equivocaciones). Es por lo cual se considera como fundamento la opinión, tal como aprecia Sabino (2000) el conocimiento científico es un saber provisional objeto de revisión permanente.

Ciencia

La ciencia es considerada por Arias (ídem) como el conjunto de conocimientos verificables, sistemáticamente organizados y metodológicamente obtenidos, relativos a un determinado objetivo de estudio o rama del saber.

Agrega que estos conocimientos son:

Verificables; sistemáticamente organizados; y, metodológicamente. Primero (verificables) porque pueden ser comprobados, segundo (sistemáticamente organizados) porque poseen un orden lógico y una relación entre sí, y finalmente (metodológicamente) son obtenidos como producto de la aplicación de un conjunto de pasos, conocido como método científico.

Características de la Ciencia

Tamayo y Tamayo (2001, p.17), citan a Bunge (1970) quien refiere que la ciencia es considerada como un sistema de ideas establecidas provisionalmente, constituyéndolo que es el conocimiento científico y como una actividad investigativa (investigación científica) generadora de nuevas ideas.

Desde la perspectiva del autor la ciencia es parte de la teoría del conocimiento la cual está conformada por cualidades y diversos factores que la identifican, de esta manera establece como principales características las siguientes:

Controlada; Sistemática; Asequible; Acumulativa; Metódica; Provisional; Comprobable; Especializada; Abierta; y, derivada de una investigación.

Clasificación de la ciencia

Para poder establecer una clasificación de las ciencias se tiene que atender a las diversas disciplinas y áreas que atiendan el conocimiento, su objeto, el método utilizado, la afinidad, la complejidad, de esta forma una tipificación o partición acertada implica la presencia del objeto propio de cada ciencia y, particularmente su relación con otras áreas afines, atendiendo a su propósito que le produzca un hecho de investigación

Características de la metodología de la investigación científico-social: método cuantitativo, cualitativo, mixto y de estudio de caso.

M.C. Cesar René Nevárez Arguijo, M.D.E. Socorro Márquez Regalado, M.C.P. Román René Medrano Carrasco

Investigación científico-social

De acuerdo al documento denominado informe sobre las Ciencias Sociales en el mundo, publicado por UNESCO, se establece que en la exploración del conocimiento en las ciencias sociales hay que considerar la metodología de investigación a utilizar, de entre las cuales se destacan la investigación cuantitativa, cualitativa y de estudio de caso, apaleando siempre todo momento al rigor científico.

Particularmente, en la investigación social, no aplica, necesariamente, un tipo de metodología en específico para analizar los diversos proyectos, mientras que en la investigación de las ciencias naturales se presenta de manera prácticamente obligado, esto obliga al investigador a darse cuenta y tener en claro cuáles serán sus alcances o límites al momento de seleccionar el modelo de investigación que habrá de emplear.

Conjuntamente, es necesario tomar en cuenta que un método de investigación debe, de igual manera, tomar como base consideraciones de carácter práctico, lo anterior con la finalidad de dar validez y acreditar su interpretación, a través del uso de principios o pruebas del razonamiento empírico.

La aplicación de este procedimiento le da la posibilidad al investigador de convalidar sus hipótesis, además de que, al momento de verificar los hechos y fenómenos, a través de la repetición, podrá comprobar o modificar leyes sobre fenómenos naturales, y de esta manera estar en posibilidad de integrar teorías científicas a una explicación más amplia.

Cárcamo (2010), manifiesta que "el método científico -en tanto serie de pasos que permiten acceder a verdades provisorias-, es una forma de trabajo sistemático para captar el mundo", no obstante que para el estudio de las ciencias sociales todavía existe una amplia discusión sobre la rigurosidad del proceso, esto nos permite advertir que concurren elementos y herramientas que desde los enfoques cuantitativo y cualitativo los cuales hacen posible afrontar modelos de estudio.

Bajo estos argumentos la opción metodológica será la utilización de técnicas cuantitativas y cualitativas para la recolección y análisis de información.

Por otra parte, en la formulación de hipótesis se deben establecer los motivos de la investigación, como primer paso para establecer un esclarecimiento provisional, como resultado de la observación inicial de los hechos y establecer sus posibles causas.

La hipótesis se define como el planteamiento de una proposición donde la verdad es de manera provisional, además de incluir una posible solución al problema planteado todo ello visto desde un pensamiento empírico.

Es así que la hipótesis se convertirá en el eje central del objeto de estudio, que para algunos autores es considerar entonces la utilización de metodologías cuantitativas, un paradigma muy discutido, pero si la intención sea bajo una lógica de la verificación.

Las hipótesis son la afirmación o negación de algo, pero se consideran proposiciones provisionales y exploratorias, por lo tanto, deben pasar por el análisis crítico a fin de comprobar su validez o falla.

Al diseñar una investigación, es determinante que la hipótesis de investigación ofrezca una respuesta preliminar al problema que incita a la investigación, y ésta deberá ser sometida a una validación con criterios estadísticos.

Por lo anterior, una hipótesis se convierte en plan o guía de la investigación, misma que establece límites, señala el problema y organiza el pensamiento y por último muestra las expectativas a las que podemos llegar.

Bajo estos argumentos es que las metodologías cualitativas y cuantitativas se utilizaran como una estrategia metodológica para el estudio del área social que nos compete.

Se considera en el diseño de la investigación como condicionante que la hipótesis de investigación ofrece una respuesta preliminar al problema, pero a su vez incita a la investigación, misma que debe ser validada con criterios metodológicos.

M.C. Cesar René Nevárez Arguijo, M.D.E. Socorro Márquez Regalado, M.C.P. Román René Medrano Carrasco

En un trabajo de investigación por lo general se formulan dos hipótesis recíprocamente excluyentes: la hipótesis nula o hipótesis de nulidad y la hipótesis de investigación, ésta última se estructura con el propósito de confirmar y demostrar su validez.

Así mismo, en algunas investigaciones se pueden utilizar hipótesis alternas, las cuales pueden resolver los supuestos que arrojen los datos estadísticos desarrollados en la investigación.

Otro de los componentes a considerar es la identificación de variables cuantitativas al momento de plantear una hipótesis, donde se establezcan variables vinculantes con la intención de poder tener control sobre éstas y ser observadas, las cuales se dividen en variables independientes, dependiente e interviniente.

En la etapa de experimentación se requiere de mayor elaboración, una vez que se construyó la hipótesis el investigador debe comprobarla, para ello se requiere de experimentar con diferentes variables a fin de poder ir comprobando los supuestos que dan inicio a la investigación.

Esta experimentación deberá reproducir y observar los resultados varias veces del hecho o fenómeno social que se está estudiando, en circunstancias diferentes que permitan ir sistematizando los resultados.

Por último, en la etapa de conclusiones se debe tomar en cuenta el análisis de los datos que arrojó la etapa de experimentación, a fin de que se pueda comprobar la hipótesis planteada a fin de dar una explicación científica del hecho o fenómeno estudiado.

Para ello, es necesario interpretar los hechos observados con los datos experimentales recabados, y donde se encuentren ciertas pautas repetidas en todos los hechos y fenómenos observados puede enunciarse una ley científica, que se trata de la formulación de las regularidades observadas en un hecho o fenómeno natural.

Investigación cuantitativa

La Metodología Cuantitativa es aquella que permite examinar los datos de manera numérica, especialmente en el campo de la Estadística.

Para que exista Metodología Cuantitativa se requiere que entre los elementos del problema de investigación exista una relación cuya naturaleza sea lineal. Es decir, que haya claridad entre los elementos de investigación que conforman el problema, que sea posible definirlo, limitarlos y saber exactamente ¿dónde se inicia el problema?, ¿en cuál dirección va? y ¿qué tipo de incidencia existe entre sus elementos?.

La investigación cuantitativa es ampliamente usada en las ciencias naturales y sociales, desde la física y la biología hasta la sociología y el periodismo.

En las ciencias sociales, el término es frecuentemente usado en contraste a investigación cualitativa.

Tipos de investigación cuantitativa

Investigación descriptiva

Se refiere a la etapa preparatoria del trabajo científico que permita ordenar el resultado de las observaciones de las conductas, las características, los factores, los procedimientos y otras variables de fenómenos y hechos. Este tipo de investigación no tiene hipótesis explicada.

Investigación analítica

Es un procedimiento más complejo con respecto a la investigación descriptiva, que consiste fundamentalmente en establecer la comparación de variables entre grupos de estudio y de control sin aplicar o manipular las variables, estudiando éstas según se dan naturalmente en los grupos. Además, se refiere a la proposición de hipótesis que el investigador trata de probar o negar.

Investigación experimental

Es un procedimiento metodológico en el cual un grupo de individuos o conglomerado, son divididos en forma aleatoria en grupos de estudio y control y son analizados con respecto a un factor o medida que el investigador introduce para estudiar y evaluar.

M.C. Cesar René Nevárez Arguijo, M.D.E. Socorro Márquez Regalado, M.C.P. Román René Medrano Carrasco

Investigación cualitativa

La investigación cualitativa es un método de investigación usado principalmente en las ciencias sociales que se basa en cortes metodológicos basados en principios teóricos tales como la fenomenología, hermenéutica, la interacción social, empleando métodos de recolección de datos que son no cuantitativos, con el propósito de explorar las relaciones sociales y describir la realidad tal como la experimentan los correspondientes.

La investigación cualitativa requiere un profundo entendimiento del comportamiento humano y las razones que lo gobiernan. A diferencia de la investigación cuantitativa, la investigación cualitativa busca explicar las razones de los diferentes aspectos de tal comportamiento. En otras palabras, investiga el por qué y el cómo se tomó una decisión, en contraste con la investigación cuantitativa la cual busca responder preguntas tales como cuál, dónde, cuándo. La investigación cualitativa se basa en la toma de muestras pequeñas, esto es la observación de grupos de población reducidos, como salas de clase, etc.

Tipos de investigación cualitativa

Investigación participativa

Trata de una actividad que combina, la forma de interrelacionadamente, la investigación y las acciones en un determinado campo seleccionado por el investigador, con la participación de los sujetos investigados. El fin último de este tipo de investigación es la búsqueda de cambios en la comunidad o población para mejorar las condiciones de vida.

Investigación-acción

Tiene semejanza con la participativa, de allí que actualmente se hable con bastante frecuencia de investigación-acción participativa. Es uno de los intentos de resumir la relación de identidad necesaria para construir una teoría que sea efectiva como guía para la acción y producción científica, que esté estrechamente ligada a la ciencia para la transformación y la liberación social. Tiene un estilo más llamativo a la investigación ligada a la educación llamada criterios de evaluación diagnóstica.

Investigación etnográfica

Estudia los hechos tal como ocurren en el contexto, los procesos históricos y educativos, los cambios socioculturales, las funciones y papeles de los miembros de una determinada comunidad. Se caracteriza por el uso de la observación, sea ésta participante o no. En cualquiera de estas opciones la observación trata de registrar, dentro de lo posible, lo que sucede en el lugar que se está estudiando, haciendo uso de instrumentos para completar la información que se obtiene por la observación.

El método mixto y su aplicación.

Como su nombre lo dice el método mixto es la combinación del método cuantitativo y el cualitativos, sin embargo, para Roberto Hernández Sampieri (1998): "La meta de la investigación mixta no es remplazar a la investigación cuantitativa ni a la investigación cualitativa, sino utilizar las fortalezas de ambos tipos de indagación combinándolas y tratando de minimizar sus debilidades potenciales".

Citado por Sampieri, R. H., Collado, C. F., Lucio (1998) el enfoque mixto se puede definir como un proceso que recolecta, analiza y vincula datos cuantitativos y cualitativos en un mismo estudio o una serie de investigaciones para responder a un planteamiento del problema (Teddlie y Tashakkori, 2003; Creswell, 2005; Mertens, 2005; Williams, Unrau y Grinnell, 2005).

Se establece claramente que este método es relativamente nuevo y no obstante algunos lo aceptan otros lo rechazan, también se les conoce como multimodales y se dice que se basan o fundamenta en el concepto de triangulación (Sampieri 1998)

Sampieri, R. H., Collado, C. F., Lucio (1998) plantea varios parámetros para evaluar a un diseño mixto que implica respetan los métodos inherentes a cada enfoque; adecuación para acoplar los distintos métodos y enfoques; reconocer los límites de cada método; explicar concurrencias y discrepancias en los datos finales obtenidos por métodos distintos; y, los propios elementos de cada método.

Brannen, (1992), citado por Sampieri, señala que este diseño (mixto) es un apoyo para clarificar y a formular el diseño del problema, al igual nos permite conocer las maneras más adecuadas de analizar y conceptualizar los problemas de investigación.

Así mismo se considera que con una multiplicidad de enfoques es posible producir datos más "ricos" y variados, con la consideración de que se rompe con la investigación "uniforme" pues se toman en cuenta diversas fuentes, diferentes datos, contextos o ambientes o análisis.

Qué son los estudios de caso y cuándo conviene aplicarlos.

Una primera definición sobre estudio de caso, es la que nos presenta el libro de Metodología de la Investigación, que lo define como "una investigación que mediante los procesos cuantitativo, cualitativo o mixto; se analiza profundamente una unidad para responder al planteamiento del problema, probar hipótesis y desarrollar teoría".

Aunque también en este mismo texto, citando a Mertens (2005) se define al estudio del caso como una investigación sobre un individuo, grupo, organización, comunidad o sociedad, el cual es visto como un todo, como una entidad.

De igual forma se puede mencionar lo expresado por La U. S. General Accounting Office, en 1990, que lo coloca como un método que puede ser utilizado para el estudio y aprendizaje de un objeto complejo, con la particularidad de que sea visto como un "todo", pero abordado considerando su contexto.

Para no abundar demasiado en la conceptualización, cerramos con lo que plantean Wiersma y Jurs (2005), que refieren que estudio de caso es examen detallado de "algo", un evento, un sistema, una organización, aunque es importante mencionar lo expuesto por Skate (2000) pues señala que el problema de utilizar el estudio de caso no está definido por un método específico, sino por su propio objeto de estudio.

La utilidad de su aplicación.

De acuerdo a varios autores la aplicación o uso del estudio de caso está encaminada a casos que incluyen una variedad de grupos de presión como movimientos de paz, derechos de las mujeres, exiliados, tratados internacionales y grupos extremistas.

Así mismo los asuntos que se estudian considera la relación de los espacios públicos y privados en el contexto de la actividad política, la interrelación entre cambio social y cambio dentro de la familia, así como la relación entre generaciones en términos de políticas y de procesos que ofrecen la motivación para que un individuo participe en movimientos sociales.

Se dice que a través de esta técnica se pretende contribuir a la modificación del paradigma del estudio, análisis de los movimientos sociales.

También puede ser utilizado en el estudio de un grupo de pacientes con una misma enfermedad, de problemáticas de estudio en un grupo de estudiantes o de una misma institución educativa, en la revisión de la efectividad de un determinado método de estudio.

En síntesis, Latorre et al (1996: 237), citado por Paz, M. (2003), señala las siguientes ventajas del uso socioeducativo del estudio de casos:

- Pueden ser una manera de profundizar en un proceso de investigación a partir de unos primeros datos analizados.

- Es apropia para investigaciones a pequeña escala, en un marco limitado de tiempo, espacio y recursos.

- Es un método abierto a retomar otras condiciones personales o instituciones diferentes.

- Es de gran utilidad para el profesorado que participa en la investigación. Favorece el trabajo cooperativo y la incorporación de distintas ópticas profesionales a través del trabajo interdisciplinar; además, contribuye al desarrollo profesional.

- Lleva a la toma de decisiones, a implicarse, a desenmascarar prejuicios o preconcepciones, etc.

Periodismo de Investigación.

M.C. Cesar René Nevárez Arguijo, M.D.E. Socorro Márquez Regalado,
M.C.P. Román René Medrano Carrasco

Propósitos del periodismo de investigación.

En base a la consulta de diversos autores se puede resumir que
el periodismo de investigación es aquel que se realiza con la finalidad
de revelar lo que se pretende ocultar, lo que no se quiere informar,
dejar al descubierto acciones, omisiones o cualquier actividad que
afecte a la comunidad.

Regularmente se considera que uno de los propósitos del
periodismo de investigación es cumplir con una función social, toda
vez que regularmente el resultado de la publicación de una
investigación periodística redunda en una acción o reacción por parte
de las autoridades.

Se dice que el periodismo de investigación es la materia
principal o materia prima que permite la edificación de la sociedad
dentro de un sistema democrático. Al exponer a la luz de todos
aquellas acciones o hechos que, de no hacerlo, se mantendría
escondidos, además de estimular la vigilancia cívica y la aprobación o
rechazo social con relación a la toma de decisiones, al uso de los
recursos y a la actuación de los funcionarios públicos.

Por lo anterior, el periodismo de investigación mejora y
refuerza la acción que realizan las oficinas de gobierno que tienen a su
cargo las tareas relacionadas con el acceso a la información, datos
abiertos, transparencia, fiscalización, rendición de cuentas y combate a
la corrupción.

Gerardo Reyes afirma: "a los periodistas se les recuerda no por
la primicia, sino por las denuncias"

Requerimientos del periodismo de investigación: trascendencia,
autenticidad y descubrimiento.

Citado por Dario Klein (Sala de Prensa.
(http://www.saladeprensa.org No. 29, marzo de 2001, Año III, Vol. 2),
Javier del Rey plantea que "la calidad de la democracia depende de la
calidad de la comunicación que se produzca en la democracia" (Del
Rey, 1989, p. 229), y afirma que "sólo se consigue una efectiva
democratización, o una mayor democratización en una sociedad

democrática, en razón de sus instituciones, mediante un aumento de la calidad y de la racionalidad de la comunicación social que en ella se produce" (ibíd., p. 33) y que "un incremento en la calidad de la comunicación supone siempre perfeccionamiento y consolidación de la convivencia en democracia" (ibíd., p. 215).

En la misma publicación, Klein subraya la tarea de "perro guardián" (dogwatch) que es la forma o denominación con que se hace referencia a la prensa se aumenta al referirnos al periodismo de investigación.

Al citar a Martínez Albertos, Klein agrega que "El papel del 'watch-dog' se materializa justamente mediante la elaboración de los reportajes de investigación" (Martínez Albertos, 1994, p. 24).

Por lo tanto, algunos de los requerimientos del periodismo de investigación se encuentran en profundizar en la información, que todos los datos aportados están respaldados en fuentes, ya sea personales, documentales o lugares en contrastar fuentes, en demostrar la denuncia plantada originalmente.

Es indispensable que la información este sustentada en fuentes citables y evitar el "off the record" (fuera de libreta).

Otro requerimiento para desarrollar un periodismo de investigación eficiente es que el periodista se instruya sobre el tema que va a investigar, es decir, es necesario estudiar, consultar con fuentes expertas en la materia, en el entendido que a las fuentes expertas se les consulta, en la mayoría de los casos, no para publicar lo que nos comentan, sino para entender, saber, comprender sobre lo que vamos a investigar y como poder redactarlo de manera entendible para el lector.

Una forma muy contundente de dar credibilidad a la investigación realizada es que esta se encuentre soportada en fuentes documentales. Sin bien, de origen, la información puede provenir de una fuente personal, un elemento fundamental es que el periodista logre confirmar o demostrar estos datos preliminares con un documento que demuestre la afirmación realizada por la fuente, porque las personas pueden "desdecirse", negar que "dijeron lo que dijeron" pero un documento es irrefutable.

Si bien, la investigación periodística requiere de trabajo de escritorio, es indispensable que el periodista base la mayor parte de investigación en trabajo de campo, en investigación de calle, pues de esa forma es posible palpar, percibir, advertir las condiciones, circunstancias y efectos de la problemática denunciada y que es motivo de la investigación.

Conocimiento de estructuras políticas, publicaciones, archivos documentos y procedimientos legales.

Para lograr obtener datos de información válida para una investigación periodística es importante conocer las diferentes estructuras tanto formales como informales en los niveles políticos y gubernamentales, pues es de donde suelen provenir los datos preliminares más sustantivos para una investigación.

Esto además permite eficientar el tiempo y no andar dando tumbos en los lugares en los cuales no encontraremos datos sobre el tema, es decir, al conocer las estructuras y las funciones de cada área nos permitirá ir directamente a consultar en aquellos lugares en donde sabemos que podemos encontrar algún dato importante para nuestro trabajo y no tener primero que averiguar qué es lo que hacen en una determinada oficina.

Por otra parte, al conocer las estructuras informales podemos conocer las áreas de oportunidad para confrontar los datos obtenidos y estar en posibilidades de llegar a confirmar la denuncia planteada en nuestra propuesta de investigación.

Los mejores trabajos de investigación periodística nacen de los niveles más bajos de los organismos públicos, pues son las que tienen información de trascendencia y no se encuentran vinculados o beneficiados de alguna irregularidad o malversación por lo tanto no tienen ningún freno para hacer la denuncia.

Lo anterior es posible en virtud de que, en esas estructuras informales, que existen en toda institución, se puede abrevar para obtener datos preliminares, o saber que preguntar.

Investigación periodística parcial por notas informativas.

En muchas ocasiones la recopilación de notas periodísticas pude permitirnos realizar una muy buena investigación periodística, lo anterior en función de que existen casos en que una investigación puede complementarse de diferentes fuentes informativas, que en ocasiones pudieran parecer no tener injerencia en determinado tema pero que de acuerdo a las circunstancias pueden enriquecer la información. Por ejemplo, en el caso de una noticia relativa al brote de epidemia, la fuente natura es la Secretaria de Salud, pero si esta inició en una escuela entonces la propia investigación, por fuerza nos lleva a la Secretaria de Educación.

Investigación periodística por reportaje completo.

No obstante, en la mayoría de los casos las mejores investigaciones periodísticas no provienen de una nota informativa, sino por el contrario, la publicación de la investigación se convierte en una noticia que permite el seguimiento, en algunas ocasiones, por de otros medios de comunicación.

Es en este apartado en es donde tiene cabida la afirmación en el sentido de que no es lo mismo el periodismo de información, que el periodismo de investigación.

El primero se refiere a la recopilación de información que se genera del día a día, el suceso que se genera espontáneamente, de la entrevista callejera, ya que los datos que aporta solamente son básicos, es decir solo da respuesta al qué, quién, cómo, cuándo y dónde, pero deja un espacio para la respuesta del por qué y el para qué las cuales deben ser contestadas invariablemente por el periodismo de investigación.

Una diferencia fundamental estriba en la amplitud del material a redactar, una nota informativa solamente ocupa un espacio de entre ochocientos y mil caracteres, mientras que un reportaje va de los 5,000 a 8,000 caracteres o incluso en los casos más impactantes puede presentarse en un libro con todo el contenido de la investigación.

En el periodismo informativo solamente recaba datos recopila información, con la diferencia de que la investigación periodística va a fondo, a profundidad y se ha dicho reiteradamente que busca lo culto, lo que no se dice, lo que se niega y para lograr esto se requiere un amplio contacto con las fuentes que permita conocer a profundidad en donde preguntar, en donde hurgar, en donde indagar para poder llegar dato específico

Elección del tema, hipótesis e investigación preliminar.

La elaboración de un reportaje considera 4 fases:

-Preparación

-Realización

-Examen de datos

-Redacción

PREPARACIÓN DEL REPORTAJE

Básicamente esta fase se refiere a la definición del tema, a la planeación y la elección de quiénes serán las fuentes de información que se consultarán para seguir luego con la realización.

Las ideas para realizar un reportaje suelen provenir de:

-Lectura de periódicos: Las noticias en los diarios, o bien el estar atento a lo que dicen los noticiarios en la televisión y en la radio, y por supuesto, el seguimiento de los medios que publican en internet, es una fuente muy amplia de ideas para elegir un tema para reportaje. Recordemos que un hecho noticioso es potencialmente un reportaje si detectamos las posibilidades de hacer una investigación amplia.

-Lectura de libros: Algunos temas que leemos en libros, las situaciones que conocemos a través de ellos, e incluso el enterarnos de algún suceso histórico, puede darnos la pauta para iniciar un buen reportaje.

-De conversaciones informales: Parece que es cosa menor, pero en las pláticas o conversaciones que tenemos con personas en la calle, en el mercado, en el camión, o cualquier lugar, puede darnos "tips" o ideas para empezar una investigación periodística.

-De la observación directa: El reportero o periodista nunca está sólo mirando cuando camina, cuando anda en el auto, o cuando se encuentra en un sitio donde hay mucha gente, sino que además observa. Observar es mirar con atención todo lo que ocurre a nuestro alrededor y buscar entenderlo o descifrarlo, incluso llegar al punto de relacionar entre sí uno o más sucesos.

-De observar el calendario: Las fechas de coyuntura, es decir, cuando se cumple aniversario de un acontecimiento histórico, o bien cuando se conmemora un suceso que ha marcado el rumbo de una comunidad. También las fechas que son de celebración por algún aspecto social, económico o político que tiene alguna relevancia en determinada comunidad o grupo social, son factibles de dar pie a llevar a cabo un reportaje.

El siguiente paso es plantear el reportaje (visualizar qué es lo que deseo investigar y hasta dónde quiero llegar):

Esto significa que se ordenan los puntos a investigar y para facilitar este proceso se puede partir de dos preguntas fundamentales: ¿Qué voy a investigar? ¿Qué pretendo conseguir?

Además, es importante elaborar un temario básico, lo que significa que se debe desglosar el tema del reportaje en los puntos en que le interesa enfocarse.

Para resolver los diferentes puntos del temario básico, se deben tomar en cuenta tres aspectos muy importantes del reporteo de la información:

PERSONAS: Se debe hacer una relación de las personas a las que tenga que entrevistar o consultar para obtener información. Las entrevistas pueden ser para obtener información; entrevistas de opinión o de semblanza. Habrá otras entrevistas que se realicen para obtener asesoría u orientación y de ellas sólo se utilizarán los datos, sin citar a la persona entrevistada.

LUGARES: Hay sitios a los que el reportero debe acudir para hacer una observación directa o para hacer entrevistas y recabar información. Si se realiza un reportaje descriptivo, es fundamental que se tengan que visitar lugares ya que el reportero deberá detallar lo que observó y en ocasiones esa descripción es parte central del reportaje.

DOCUMENTOS: Se deberán consultar periódicos, revistas, libros o documentos para tener información adicional sobre el tema del reportaje. Además, seguramente, será necesario consultar informes o estadísticas oficiales que ayuden a dimensionar el tema del reportaje.

Una vez que se ha completado el temario básico, y se han definido las fuentes de información, es importante llevar a cabo una programación del reportaje.

Esta programación es útil porque permite al reportero calendarizar las entrevistas y visitas que tenga que hacer en función del tiempo que disponga para realizar su investigación.

La reporteada, análisis de datos, recursos literarios, estructura del reportaje (entrada, cuerpo remate).

REALIZACIÓN DEL REPORTAJE

Cada reportaje amerita una investigación especial, sobre todo si se consideran distintos temas, finalidades y públicos al que está dirigido.

El propósito central del reportero debe ser satisfacer ampliamente los requerimientos de cada asunto, y para ello debe entrevistar a las personas más autorizadas, asistir a los lugares precisos y consultar los documentos más importantes.

Hay tres situaciones que el periodista debe evitar y rechazar al momento de realizar un reportaje: conformarse con lo elemental, darse por satisfecho con una información "a medias" y trabajar para "salir del paso".

El reportero debe interesarse personalmente en el asunto e investigarlo con el ánimo de penetrar lo más al fondo que se pueda. Si el reportero no es el primero en interesarse en el tema, es muy difícil que logre interesar a sus lectores.

Puede ocurrir que durante la realización de un reportaje planeado para cuatro o cinco cuartillas resulte que hay tanta información que al final el reportaje pueda ser de una extensión mucho mayor (el doble o triple).

En estos casos, si se tiene un espacio preestablecido, el periodista debe ceñirse a la extensión que se había previsto y hacer un esfuerzo de síntesis creativa, sin que demerite la calidad del trabajo periodístico. No hay que olvidar que los mejores textos son los que dicen lo más con el menor número de palabras.

Durante la realización del reportaje el reportero debe preguntarse continuamente: ¿Qué pretendo conseguir con este reportaje? ¿Para quién lo voy a escribir?

Además, deben ejercitarse las tres actividades básicas de todo trabajo periodístico:

--Precisión en el registro de cifras, datos y declaraciones de un entrevistado.

--Comprensión de cada uno de los puntos abordados. El reportero no debe escribir nada antes de comprenderlo cabalmente.

--Penetración para poder sacar conclusiones, para prever las consecuencias que el reportaje pueda llegar a tener.

EXAMEN DE DATOS DEL REPORTAJE

Por su importancia y complejidad, el reportaje es el género periodístico en el que más cuidado debe ponerse al examen de los datos.

Antes de redactar un reportaje deben considerarse las siguientes actividades:

ORDENAR LOS ELEMENTOS CONSTITUTIVOS

Esto significa que separemos la información de acuerdo a su tipo: entrevistas; estadísticas; testimoniales; fotografías y gráficas; observaciones propias; e incluso las informaciones "off-record" (informaciones extraoficiales o "fuera de libreta").

CLASIFICAR LOS ELEMENTOS DE MANERA TEMÁTICA

Es ubicar los diferentes temas o subtemas que encontremos en la información reporteada. Puede hacerse por fuente informativa, por clase de información o por lo subtemas que asignamos desde la preparación del reportaje.

CAPITULAR LOS ELEMENTOS AGRUPADOS EN SUBTEMAS

Es titular o dar un nombre a cada uno de los subtemas en que se vaya a dividir el reportaje.

ANALIZAR LOS ELEMENTOS CON DETENIMIENTO Y COMPRENDERLOS

Es revisar la información, analizar cuáles son los aspectos más importantes y destacados del reportaje. Aquí se valora también cuáles son los elementos noticiosos del reportaje ya que esto determinará cómo se iniciará la redacción.

5.- Comparación de la metodología de la investigación periodística con los requerimientos de validez de la investigación científico-social.

Existe una interminable discusión, y casi se podría decir confrontación, en el tema de si el periodismo de investigación, o bien, la investigación periodística pudiera ser equiparable con la investigación científica o el método científico.

Para intentar aportar en esta discusión se analiza el contenido del artículo de Gustavo Valdivieso, titulado: "¿Acaso le falta ciencia al periodismo?", publicado en el sitio sala de prensa.

En principio Valdivieso cita al profesor Hans Ulrich Gumbrecht, del Departamento de Literatura Comparada de la Universidad de Stanford, cuando al otorgar una entrevista afirma que le gustaría una Ciencia de la Comunicación parecida a la Filosofía de la Lengua, toda vez que la que está vinculada a la tradición del periodismo, "no le parece interesante".

Luego formula la interrogante que da pie a su artículo "¿Es el periodismo una ciencia?" para todos es claro que no, pues está enmarcado dentro de las ciencias de la comunicación.

Por ciencia se entiende, cita Valdivieso como: "un campo de conocimiento organizado para el que se conocen y/o se investigan unas leyes que gobiernan las interacciones en esa esfera, y un conjunto de prácticas y marcos teóricos que se utilizan para estudiar determinado tipo de temas".

Luego viene un juicio lapidario, pues señala que consideran al periodismo como ciencia, pero subraya que desde un principio hubo dudas acerca de si el periodismo tenía algún cuerpo de conocimiento propio, y aquí el juicio, la discusión se ha centrado más en si es un oficio o una profesión.

En su artículo, Valdivieso cita a Philip Meyer, a quien se le conoce como uno de los impulsores del periodismo de Precisión, quien intento librar esas dudas reforzando el carácter científico del trabajo periodístico, al modificar los métodos de la investigación periodística e integrar otros medios (encuestas, estudio de bases de datos, uso de marcos teóricos, documentación de los mismos métodos de investigación) particularmente usados en las ciencias sociales y de la conducta.

Con la finalidad de construir un cuerpo de conocimientos adecuado para el periodismo, Meyer encontró tres tipos de elementos:

•Cómo encontrar información

•Cómo evaluarla

•Cómo hacerla llegar a las audiencias superando la torre de Babel que está generando el exceso de información.

Valdivieso precisa que el Periodismo de Precisión de Meyer se encuentra aislado en un diminuto cosmos de medios de comunicación masiva y periodistas que lo realizan para determinados contenidos, y no ha alcanzado a los métodos de investigación del resto de la profesión.

Luego presenta lo que al parecer significa el principal reto a vencer por el periodismo: El marco teórico, que se muestra como un elemento definitorio en la calidad de la investigación periodística

José Luis Dader, dice Valdivieso, hizo una referencia de una anécdota padecida por Philip Meyer, cuando este advirtió, a principio de los años 60, en Florida, sobre cómo el constante uso de alucinógenos por los jóvenes, sin embargo, en ese entonces no se le prestó atención, sino mucho después, por no existir la categoría "problema de la drogadicción".

Por tanto, Meyer, equiparo e incorporó, dentro del periodismo de precisión, el marco teórico del cual eche mano el periodista, debe

M.C. Cesar René Nevárez Arguijo, M.D.E. Socorro Márquez Regalado, M.C.P. Román René Medrano Carrasco

ser tan importante como las fuentes a su alcance para obtener y procesar datos.

Y luego Valdivieso nos refiere un tabú aun no vencido en periodismo, y cita nuevamente al profesor Gumbrecht, que afirma que "los mejores periodistas no tienen formación en las Ciencias de la Comunicación" y son más bien "personas cultivadas que, por una u otra razón, empiezan a escribir para los medios".

En nuestro entorno esta afirmación puede tener cierta validez, pero formulada hace 20 años, pues en la actualidad los periodistas que laboran en medios o son egresados de la licenciatura en periodismo o son licenciados en ciencias de la comunicación, incluso son varios los periodistas que cuentan con una maestría en áreas de la comunicación o el periodismo y más de cinco con nivel de doctorado.

Nuevamente, Valdivieso nos confronta con un paradigma del periodismo al señalar que "el fuerte inexpugnable del periodismo está en investigar hechos, para los que no aplica el criterio de "falsabilidad" de Popper" y se remite al periodismo informativo aquel que, "simplemente son o no son", refiriendo accidentes, declaraciones, acontecimientos o sucesos, los hechos, hablan por sí mismos, no tienen variables.

Sin embargo el periodismo de investigación, puede dar cabida al falsacionismo de Karl Poper, si se adentra en investigaciones sobre la política, la delincuencia organizada o, incluso, en aspectos sociales como el acoso escolar, en los cuales la conclusión de la investigación, o aún más, los efectos que esta causen pueden soportar ser sometidos al criterio de "falsabilidad", pues qué habría pasado si no se descubren los actos de corrupción, la reducción o aumento de la violencia, los altos niveles de agresión en una escuela.

Es justo en este aspecto en donde encontramos la diferencia entre periodismo informativo y periodismo investigativo.

Por tanto, se reitera que es en el marco conceptual el cual puede resultar la condición para el éxito del periodismo que intenta comprender y explicar los hechos. En este apartado se presenta la posibilidad de considerar que el marco conceptual no requiere de tecnicismos, ni un lenguaje sofisticado, sino un lenguaje simple, un marco teórico que sirva para formar, educar o simplemente entender los fenómenos complejos.

Registrar el origen de los datos un avance cualitativo.

Registrar el proceso por el que se produce la información, como una práctica científica, era otro quid del proceso de alternativa del periodismo, según lo plantea Meyer. Lo ve simple, al establecer cómo se obtiene cada cantidad, en qué se funda cada observación de determinada situación, cual es la relación correcta para obtener cada porcentaje, cotejar con el de otra fuente, o con el de la misma en el futuro, hace más fácil comprender la real dirección de la evolución de los fenómenos.

Para Meyer, la modificación en el periodismo no se logra con incluir computadoras y programas para el manejo de estadísticas en las redacciones, es tener los medios para un trabajo periodístico con el soporte tecnológico para lograr un sistema que acrecenté el conocimiento. En concreto hacer un trabajo diferente.

¿Por qué no se ha hecho más científico el periodismo?

La posibilidad de aplicar estos métodos científicos al periodismo parece real. Y de hecho se ha hecho. ¿Por qué sigue siendo la excepción a la regla -la regla del periodismo de grandes medios con contenidos cada vez menos complejos?

Tal vez Meyer –y en algún momento a todos los que queremos sentir que trabajamos en una actividad de alto valor agregado- olvidamos que la disponibilidad de tecnología en máquinas y métodos de trabajo no genera automáticamente los cambios: hay otros factores, en el entorno y en la manera como ese entorno es entendido por los seres pensantes, que condicionan las evoluciones. ¿Por qué no sólo no se ha hecho más científico el periodismo en general, sino que sus espacios están cada vez más dedicados a las reinas, los horóscopos y los chismes?

6.- Análisis de reportajes investigativos y determinar si cumplen con los requerimientos de una investigación científico-social.

De acuerdo a lo expuesto por Eudoro Terrones (2009, 1), "Toda investigación se enfrenta con algo desconocido u oculto, que es necesario descubrir para ponerlo en conocimiento de la opinión pública. En este sentido la investigación constituye una actividad imprescindible en la vida de todos los profesionales de las diferentes ramas del saber humano, que permite crear nuevos conocimientos, cumplir mejor las funciones profesionales al servicio de la sociedad y del avance de la ciencia y la tecnología".

Lo anterior lo explica en su obra "periodismo de investigación (antología)", en la cual recopila investigaciones de diversos investigadores y periodistas y plantea que, en Perú, existen pocos escritores que publican libros de investigación científica o de periodismo de investigación, considerando que hay infinidad de instituciones de educación superior, que ofrecen estudios de postgrado en Maestría y Doctorado.

Ante la falta de publicaciones Terrones elaboró la antológica Periodismo de Investigación (Tomos 1 y 2), la cual, asegura, (Terrones, 2009) que será de gran utilidad para quienes siguen estudios de maestría y doctorado, preferentemente, o para los estudiantes que tienen inquietudes por la investigación científica.

Es decir, plantea que para realizar una investigación científica es viable y útil conocer cómo se realiza una investigación científica.

Terrones (2009) hace la siguiente explicación de lo que es investigar científicamente, Investigar científicamente significa lo siguiente:

• Presentar datos racionales, coherentes y veraces.

• Demostrar el manejo adecuado de métodos, técnicas, procedimientos e instrumentos de investigación científica en el tratamiento de un problema de investigación.

• Realizar nuevos aportes científicos sobre investigaciones ya realizadas.

• Arribar a la solución de un problema que fue materia de investigación.

• Descubrir nuevas áreas, situaciones desconocidas, hechos poco conocidos y explicados.

• Ofrecer a la opinión pública un estudio científico completo de una situación o de un hecho aún inexplorado.

También nos explica que no es investigación científica, que prácticamente es la negación de los argumentos arriba enunciados.

Y posteriormente enlista los elementos de la investigación científica, los cuales son: el sujeto, que es el investigador y el objeto, que es "La información que está oculta o secreta y que es de interés social". (Terrones, 2009), lo cual coincide con la definición de Periodismo de investigación, según De Pablos, quien señala que todo periodista de investigación se ha de enfrentar con algo desconocido u oculto, (1998, Revista Latina de Comunicación Social, www.ull.es/publicaciones/latina/a/475fp.htm)

No se puede dejar de mencionar el resto de los elementos de la investigación científica citados por Terrones, los cuales son: el Método; el acopio de la información; la interpretación dentro de su contexto, y; las fuentes abiertas y cerradas.

Estudio de caso: "hoy te toca la muerte: el imperio de las Maras visto desde dentro, escrito por el periodista Marco Lara Klahr.

Como se planteó al inició de este capitulo, la intención es demostrar que la investigación periodística puede ser equiparable a la investigación científica, por lo que se seleccionó el libro "Hoy te toca la muerte", que es el resultado del ejercicio del periodismo de investigación y que, por su extensión y profundidad, se considera dentro del género periodístico de reportaje y que es presentado en un libro.

Actualmente algunos periodistas han optado por presentar el resultado de su investigación en un libro, toda vez que el espacio en un medio impreso, y peor aún, en un segmento de radio o televisión sería insuficiente para incluir la cantidad de datos, testimonios, entrevistas, documentos o recorridos realizados.

Adicionalmente, y esto dicho sea de paso, la publicación de una investigación periodística es una forma de ejercer el periodismo independiente, sin estar sujetos a criterios de línea editorial, o convencionalismos comerciales, que en ocasiones se convierten en un freno para la publicación de este tipo de contenidos pues, por lo general el periodismo de investigación es de denuncia, de presentar o sacar a luz pública aquella información oculta, desconocida, lo que no se dice o no se ve.

Además de tener la particularidad de que la publicación de la investigación periodística regularmente provoca una reacción, un cambio, la "caída" o "desenmascaramiento" de una figura pública.

Es por eso que algunos autores denominan a este tipo de periodismo como de denuncia, o más particularmente como lo denomina Phillip Meyer; periodismo de precisión.

Del análisis del contenido de esta investigación se presentarán los elementos coincidentes entre la investigación científica y la periodística, y se confrontara con la idea formulada por José María Caminos Marcet e Idoia Camacho Marquina (2010) * cita, en su investigación titulada "La imposibilidad de una metodología científica para el estudio de los textos del periodismo de investigación", particularmente porque en esta investigación se considera la siguiente pregunta, "¿Cómo podemos afirmar si estamos o no ante un texto investigado cuando los medios tienden a presentar como investigaciones lo que sólo son filtraciones realizadas por una fuente interesada?"

Bajo esta premisa se deja fuera el esfuerzo de la investigación periodística, se eliminan las fuentes y sus tipos, personales, documentales y los lugares. Tal vez, y hay que decirlo, una diferencia fundamental es que en la estructura de la investigación científica se deja en claro cada una de sus fases y se enuncia la metodología empleada, no así en la redacción del reportaje, en donde esos elementos se presentan de manera tácita.

Formulación de hipótesis o pregunta de investigación

En la investigación científica la hipótesis o pregunta de investigación se presenta evidente, clara, al principio del documento, es, así de simple, el título del trabajo, mientras que en la investigación periodística este se encuentra sobre entendido y en ocasiones se formula al final como una pregunta de reflexión que fue contestada a lo largo de las páginas del libro.

En el caso que nos ocupa la hipótesis de investigación se formula en la introducción, que dentro de las fases del reportaje se le conoce como planteamiento. "La propuesta periodística tacita aquí es que la Barrio 18 y la Mara Salvatrucha, teniendo un origen juvenil, ya no son solo expresiones de jóvenes. Tienen una faceta consumista inédita, su capacidad de mutación invita a observarlas como organizaciones dinámicas...", Lara (2006, 12).

El libro analizado considera los antecedentes históricos del nacimiento de estas pandillas, a la cuales el sociólogo francés, Michel Maffesoli, citado por Lara Klahr, define como "tribus urbanas".

"Empíricamente vemos la emergencia de la tribu. En la tribu yo no existo por mí mismo, sino que es el otro quien me crea. Y aparece además una relación con la naturaleza donde no es ya lo individual que actúa sobre la naturaleza como objeto, sino un vaivén. Yo, que me consideró influido por uno de mis maestros antropólogos, Gilberto Durant, asumo su noción de "trayecto antropológico" o feedback, entre mi naturaleza y la naturaleza que me rodea. Los trabajos de Edgar Morín en Francia siguen un poco esta idea, el proceso de reversibilidad, más trayectivo que subjetivo. Yo por mi parte, intento a mi manera llevar hasta el final esta lógica, esta idea de la pérdida del individuo en el grupo, de la pérdida del individuo en la naturaleza... es el punto esencial".

Además, considero esencial agregar que Lara klahr (2006) establece que en el libro "hoy te toca la muerte" abreva metodológicamente de las corrientes del periodismo cívico, periodismo de paz y New, New journalism gracias a los esfuerzos de investigación aplicada para la profesionalización de los reporteros mexicanos que lleva acabo el Instituto para la Seguridad y la Democracia A.C., a través del proyecto de "violencia y medios de comunicación", lo anterior implica colegir que la investigación periodística, se empieza a desarrollar bajo un método.

Metodología.

Para la realización de esta investigación se empleó la metodología de estudio de caso con la perspectiva de método cualitativo, bajo un enfoque teórico, descriptivo y con la técnica de revisión de documento (Sampieri, pág. 9), que en este caso se trata del libro "Hoy te toca la muerte. El imperio de las Maras visto desde dentro", de Marco Lara Klahr (2006) editorial Planeta.

El estudio de caso se podría definir como "una investigación en la cual, mediante los procesos cuantitativo, cualitativo y/o mixto se analiza profundamente y de manera integral una unidad para responder al planteamiento del problema, probar hipótesis y desarrollar teoría (Hernández-Sampieri y Mendoza, 2008).

Mertens (2010) señala que en el muestreo cualitativo es usual comenzar con la identificación de ambientes propicios, luego de grupos y, finalmente, de individuos. Incluso la muestra puede ser una sola unidad de análisis (estudio de caso), también se plantea la posibilidad de que en este método las muestras sean más flexibles.

Finalmente fue empleado el denominado Método Comparativo Constante (MCC) propuesto como procedimiento analítico por la "grounded theory" (Glaser y Strauss, 1967), el cual, de igual manera que en la investigación periodística la metodología sólo se aprende "tácitamente" (Polanyi, 1975). Esta herramienta fue empleada para tratar de demostrar que muchos de los procedimientos, pasos, etapas, empleados para la realización de una investigación científica son aplicados por el periodismo de investigación, y por tanto pueden ser equiparables,

Para la investigación se tomó como unidad de análisis el libro "Hoy te toca la muerte. El imperio de las Maras visto desde dentro", de periodista Marco Lara Klahr, y se realizó en Chihuahua, Chih., México, en el periodo comprendido entre los meses de agosto, septiembre y octubre del 2017, bajo la supervisión y asesoramiento del maestro Juan Manuel Andazola.

Se realizó compulsa conceptual entre la investigación científica y la investigación periodística, las características de ambas, sus fases o etapas, sus fines y propósitos, a fin de localizar coincidencias o paridades, para finalmente hacer un análisis teórico, a profundidad y crítico de la unidad de investigación e identificar o ubicar estas similitudes que permitieran formular como conclusión la posibilidad de que el periodismo de investigación pudiera ser equiparable a la investigación científica.

Análisis del libro.

Dividido en tres partes y a lo largo de 308 páginas, Lara klahr aporta elementos informativos y de investigación que tienen que ver con los orígenes de la problemática del surgimiento de las pandillas en Estados Unidos, y de manera implícita va incorporando aspectos del marco conceptual y metodológico utilizados.

Incorpora, por ejemplo, el estudio realizado por Griñie, quien documenta una serie de hallazgos acerca de la función de la conformación de grupos pandilleriles a largo el siglo XXI, como fenómeno cultural y social inherente a los barrios étnicos.

Al analizar los antecedentes de grupos de irlandeses, italianos, mexicanos y posteriormente salvadoreños, plantea, implícitamente una metodología empírico-analítica, reconoce cuatro lineamientos, el objeto de la observación, el sujeto u observador, circunstancias o ambiente y los medios de observación, y también se emplea un método dialéctico, al conocer los fenómenos de la sociedad e inclusive se aplica el método experimental, al considerar que tiene sus orígenes a partir de la propia experiencia del ser humano, en la práctica diaria, por medio de su estilo de vida, consta de tres etapas: Método hipotético deductivo, Método de la observación científica, y Método de la medición.

Todo lo anterior redondeado por un estudio etnográfico, definido etimológicamente como estudio de las etnias y significa el análisis del modo de vida de una raza o grupo de individuos, mediante la observación y descripción de lo que la gente hace, cómo se

M.C. Cesar René Nevárez Arguijo, M.D.E. Socorro Márquez Regalado,

M.C.P. Román René Medrano Carrasco

comportan y cómo interactúan entre sí, para describir sus creencias, valores, motivaciones, perspectivas y cómo éstos pueden variar en diferentes momentos y circunstancias; podríamos decir que describe las múltiples formas de vida de los seres humanos.

Las herramientas planteadas en una metodología etnográfica se advierten tácitamente en la investigación periodística analizada, tales como las estrategias interactivas: la observación participante, las entrevistas formales e informales, los instrumentos diseñados por el investigador y el análisis de toda clase de documento.

En la primera parte del libro se presenta una entrevista con uno de los protagonistas de la historia, al cual identifica como "el pobre", un salvadoreño de nombre Yumini, quien aporta detalles sobre las reglas de los "emes", denominación, tipo abreviación, que se utiliza para referirse a los integrantes de los Maras Salvatruchas.

De manera por demás descriptiva narra el "rito de iniciación", las "actividades", "trabajos" que se les encomendaban a los integrantes de la pandilla, una serie de reglas que los convierte en un colectivo, en un grupo social con sus propias normas, premios, sanciones, limites.

La investigación, se realiza de manera documental pero básicamente en el campo, y esto último lo plasma cuando afirma: Puesto que se trata de un ejercicio periodístico de investigación, este libro se nútrete decenas de testimonios vivos tomados de los propios pandilleros en México, Centroamérica y Estados Unidos, así como de entrevistas con víctimas de la violencia pandilleril, activistas sociales, académicos y servidores públicos; Fuentes biblio-hemerográficas y digitales en castellano e inglés, rigurosamente seleccionadas; documentos de inteligencia policial y militar; debates en congresos y mesas redondas; películas con valor documental; recorridos por los escenarios urbanos en la región norte -centroamericana.

Mirado así dice Lara Clark, Hoy te toca la muerte, es un reportaje de gran formato que, antes que nada, muestra con cuánta liberalidad paga la calle a un reportero que caminos y trabaja con porfía, sin temer -más allá de la cuenta-la inminencia del naufragio entre insospechadas y a veces traicioneras tempestades. Lara (2006, pag. 12-13).

En la investigación periodística el enfoque informativo es un "hecho ineludible" (Lara, 2006), ciertamente, no obstante, en este caso, "al menos como aspiración" señala el autor, se privilegia a los sujetos de la búsqueda sobre el buscador, ciñéndose, al principio del new, new journalism (nuevo, nuevo periodismo) según el cual, el papel del reportero es "cavar profundo en el rocoso de la experiencia ordinaria, explotando lo que Gay Talese llama "la corriente ficticia que fluye bajo el cauce de la realidad" (new, new journalism, Robert. S. Boynton, 2005).

Al citar varios autores, el periodista va presentando elementos de la fenomenología relacionados con los criterios etnográficos que incluso van calificando a las pandillas como "familias", tal es el caso cuando cita a Valashi (Mass, 1968) quien lo refiere a las mafias italianas que llegaron a los Estados Unidos y son uno de los antecedentes de los grupos étnicos que se unen en torno a un problema común, en la mayoría de los casos la discriminación y que se unen para protegerse, auto defenderse e incluso empiezan a crear sus propias economías, la mayoría de las veces, ilegales.

Más adelante hace referencia a Al Valdez, quien en su libro "Gangs: A guide to understanding street gangs" (Pandillas: Una guía para entender pandillas callejeras) explica como los mexicanos que quedaron en el territorio que Estados Unidos le quitó a México, al grado de que se convirtieron en "forasteros" dentro de lo que ellos consideraban su patria.

Estos elementos históricos, van perfilándose como los antecedentes de las causas de la formación de "familias" "pandillas", "clicas", o dicho científicamente, grupos étnicos, dentro de los Estados Unidos que fueron, prácticamente, propiciados por la discriminación, la segregación, persecución, prohibiciones.

En la construcción de los elementos para comprender esta problemática, Lara (2006, pág. 80) cita a James Diego Vigil, en la obra "A Rainbow of gangs, street cultures in the megacity" (Un arcoíris de pandillas; culturas callejeras en la mega ciudad) quien hace referencia a la llegada de los salvadoreños a los Estados Unidos: "Todas las

presiones y las tensiones de la vida como inmigrantes ilegales crean
una patología que conduce al abuso doméstico y abandono de los
hijos. Los jóvenes fueron los más afectados por estas condiciones.
Vivían con el estigma de la separación familiar y/o la pérdida de
padres o parientes cercanos a manos de los escuadrones de la muerte".

Estas condiciones en su país de origen los lleva a refugiarse en
los Estados Unidos, hasta donde son perseguidos, según el historiador,
por los escuadrones de la muerte, y que, por si fuera poco, también
sufren persecución policiaca y discriminación y segregación.

En la segunda parte de la obra, se presentan testimonios y
entrevistas de pandilleros que regresaron a El Salvador, en un intento
por abandonar la vida de delincuentes, y trabajar en la búsqueda de
una tregua entre las pandillas en los tanto en los Estados Unidos como
en la nación centro americana, lo cual hacen a través de la
organización "Homies Unidos".

El sacerdote Gregory Boyle y los inmigrantes salvadoreños,
Alex Sánchez (el "Rebelde" de la Mara Salvatrucha, quien optó por
dejar de delinquir) y Silvia Beltrán (salió de su país en 1986 junto con
su madre, una sindicalista cuya vida corría peligro), constituyen esta
organización en el año 1998 en Los Ángeles, California, su propósito
es la búsqueda de diálogos de paz entre las pandillas Barrio 18
(Eighteen Street) y la Mara Salvatrucha (MS 13), (Lara 2006, pág.
117).

Alex Sánchez da testimonio de las dificultades que tuvieron que
enfrentar para avanzar en sus propósitos, pues no obstante que dejo de
delinquir no cambio su apariencia ni forma de vestir, pelo rapo a ras,
barba de candado, múltiples tatuajes, tenis blancos, pantalón holgado y
a la cadera y camiseta blanca, también holgada, atuendo y aspectos
característicos de los "emes", lo cual lee significaba rechazo,
discriminación, y en la mayoría de los casos persecuciones y
detenciones por parte de los policías solo por su forma de vestir; ¿por
qué seguir vistiendo así?, por orgullo, sentido de identidad e incluso,
por qué no, una forma de reto y desafío para ser aceptado de esa
forma.

Causas, efectos y dimensiones de las relaciones ciencia-periodismo, pol tica-mercadotecnia y empresa-sociedad

---

Conclusiones.

En este fenómeno investigado en el libro objeto de estudio de
este capitulo se pueden advertir elementos claros de un estudio
etnográfico, guiados por una metodología empírica, tomando como
base la observación, el levantamiento de testimonios, la elaboración de
entrevistas, la ubicación e interpretación de antecedentes y revisión
estadística obtenida en los departamentos de policía y de centros
penitenciarios de algunas ciudades de Norteamérica.

De tal manera que al realizar una comparación de los elementos
que integran la investigación científica, alineando a estos los procesos,
fases y elementos empleados para una investigación periodística es
posible desprender, por lo menos en cuanto a la unidad de análisis
empleada en el presente trabajo, que el periodismo de investigación
puede ser equiparable al método científico de investigación.

En ambos casos existe la selección del tema a investigar, un
proceso de recolección de información, en análisis y clasificación de la
misma, se plantea una hipótesis o problema a solucionar o resolver y
se responde la pregunta formulada.

Es menester precisar, como se explica en la introducción de
este escrito que existen algunas diferencias, particularmente en el
sentido de que en la investigación científica todas las etapas son
identificadas en la estructura o presentación formal del documento,
enunciadas por su nombre, con subtítulo, apartados, anexos, etcétera, y
acredita el rigor de la demostración de que se cumplió con el
procedimiento de la metodología utilizada.

Por lo que respecta a la investigación periodística, que para
efectos de presentación del reporte se utiliza la estructura del género
periodístico denominado reportaje, la hipótesis de investigación, la
metodología, el marco conceptual y demás elementos de la
investigación científica son presentados o enunciados de manera tácita,
se dan por sobrentendidos; además la presentación de los contenidos,
de las referencias bibliográficas no cuentan con el rigor de la

formalidad que exige los reportes de investigación, pero subyacen en la claridad de la explicación y, en muchas ocasiones, la contundencia de los resultados.

No sería profesional omitir la mención y el reconocimiento de que no es aún una regla general dentro de la investigación periodística, pues, ciertamente, existen casos en los que los contenidos de una reportaje periodístico es resultado solamente de la filtración de información clasificada, con una intencionalidad de parte de la fuente de la filtración, no obstante, hay que decirlo, si la información filtrada solamente es utilizada como punto de partida y se logra confirmar los datos en fuentes confiables y verificables, esa filtración se convierte en una investigación periodística es válida.

Para efectos de redondear esta conclusión, retomaremos la unidad de estudio y la respuesta a la hipótesis planteada por Lara Klahr, en el sentido de que la MS13 y la B18 se convirtieron en organizaciones dinámicas se hace mención a una investigación realizada por Thomas C. Bruneau, para la Stategic Insights (mayo, 2006), mensuario electrónico del Center for Contemporary Conflict - perteneciente a la Naval Postgraduate School- concluye que, en particular, "los miembros de esa pandilla latina (la MS13) fueron considerados elementos clave de la violencia, la cual sólo pudo ser sofocada por la guardia Nacional y el ejército".

Lo anterior coloca a las pandillas o grupos urbanos, pero particularmente a las pandillas mencionadas en el libro de Lara (MS13 y B18) como un peligro para la seguridad nacional.

Además, en diversos momentos de la historia, se muestran el combate realizado por las autoridades norteamericanas para combatir el crecimiento y poderío de estas pandillas, en muchos casos la represión y detenciones, tales como las deportaciones masivas implementadas por George Bush padre (1989-1993) quien con motivo de las asonadas de 1992, las cuales brotaron como una reacción a la absolución de los agentes policiacos que agredieron brutalmente a Rodney King por haber cometido una infracción de tránsito, la agresión fue grabada, sin embargo un jurado absolvió a los agentes.

Esto provocó que las minorías étnicas, que siguieron con atención el juicio, salieran a las calles en protesta que luego degeneraron en violencia y saqueos, que se extendieron a los barrios latinos, bloqueos al freeway e incluso los disturbios llegaron a Hollywood.

Entre los deportados había miles de jóvenes hijos de padres latinos que nacieron en los Estados Unidos y que fueron enviados a México y Centroamérica, lugares en los que nunca habían estado pues nacieron en EU.

Naturalmente entre los deportados venían pandilleros, delincuentes, agresores, que se empezaron a asentar en los lugares a los que fueron enviados e inició la integración de pandillas de B-18 y la MS13 en ciudades fronterizas de México.

Pandillas integradas por latinos que nacieron en Estados Unidos y que en virtud de las circunstancias analizadas en el libro empezaron a echar raíces en México, El Salvador y Guatemala y que hoy constituyen el brazo armado de la delincuencia organizada, y se involucraron en delitos que van desde el robo, asalto, narcotráfico y con especial énfasis homicidios, bajo la denominación de "sicariato", que no son otra cosa que asesinos a sueldo.

Para concluir el autor señala que en Estados Unidos, Centroamérica y México, un puñado de organizaciones civiles proponen con insistencia, aunque con "magro éxito", un tratamiento social y humanitario, Y no sólo policiaco, al problema de la violencia pandilleril (Homies Unidos, Homeboy Industries, Xibalba y Cultura, Arte Acción, Casa Alianza) bajo la premisa que la Barrio 18 y la Mara Salvatrucha, como otras tantas pandillas urbanas actuales, son consecuencia de la pobreza, la marginación y la doble moral de la sociedad contemporánea.

Es importante mencionar que el libro contiene, al final, un glosario de vocablos utilizados por los entrevistados o en los testimoniales, para hacer comprensible el contenido, y también presenta lo que en periodismo se denomina fuentes y que puede ser equiparable a lo que en las investigaciones científicas se denomina referencias o bibliografía.

Referencias

Arias, Fidias (2006). El proyecto de investigación: Introducción a la metodología científica. (5° ed.) Caracas - Venezuela:

Braudel, Fernand,(1991) "Historia y Ciencias sociales", en BRAUDEl, F. "Escritos sobre la Historia", México, F.C.E

Bunge, M. A. (1981). Materialismo y ciencia.

Descartes, R. (2004). *Discurso del método*. Ediciones Colihue SRL.

Paz, M. (2003). Investigación cualitativa en educación. Fundamentos y tradiciones. Madrid. Mc Graw and Hill Interamericana de España.

Pozo, Juan Ignacio y otros (1998) "Aprender y enseñar ciencia", Ediciones Morata SRL- Madrid, España.

Prensauniversitaria.mx

Sabino, C. (2000) El proceso de investigación. Caracas. Editorial Panapos

Sampieri, R. H., Collado, C. F., Lucio, P. B., & Pérez, M. D. L. L. C. (1998). Metodología de la investigación (Vol. 1). México: Mcgraw-hill.

Tamayo y Tamayo, M. (2004). El proceso de la investigación científica, (4ta ed). México: LImusa)